신나는 수업을 위한
와라와라
わら　わら
일본어

신나는 수업을 위한
와라!와라! 일본어 LEVEL 3

지은이 강경자
감　수 恩塚千代(온즈카 치요)
펴낸이 안용백
펴낸곳 넥서스JAPANESE

초판 1쇄 인쇄 2007년 11월 5일
초판 1쇄 발행 2007년 11월 10일

출판신고 2004년 8월 17일 제 313-2005-000005호
122-043 서울시 은평구 불광동 484-141
Tel (02)330-5500 Fax (02)330-5555
ISBN 978-89-6160-008-8 13730

가격은 뒤표지에 있습니다.

※ 본 책은 〈우키우키 일본어 STEP 1·2·3·4〉를
　3개월 과정에 맞춰 재구성한 교재입니다.

잘못 만들어진 책은 구입처에서 바꾸어 드립니다.

www.nexusbook.com

넥서스단계별종합 **일본어학습프로그램**

신나는 수업을 위한

일본어

강경자 지음 · 온즈카 치요 감수

LEVEL 3

넥서스 JAPANESE

첫머리에

어떻게 하면 쉽고 재미있게 일본어를 배울 수 있을까? 어떻게 하면 어디서든 인정받을 만한 완벽한 일본어 실력을 갖출 수 있을까? 현재 일본어를 배우고 있는 학습자나 앞으로 배우고자 하는 사람들에겐 영원한 숙제와도 같은 질문일 것입니다.

필자는 온·오프라인을 통해 오랫동안 일본어를 가르쳐 오면서 역시 이와 비슷한 의문을 가지고 있었습니다. 어떻게 하면 쉽고 재미있게 일본어를 가르쳐줄 수 있을까? 문법을 기초부터 탄탄하게 다져주면서 네이티브 같은 회화 감각을 길러주고, 게다가 어떤 표현도 자신있게 말할 수 있는 풍부한 어휘와 한자 실력까지 갖추도록 도와주고 싶은 마음이 간절하였습니다.

요즘은 예전에 비해서 좋은 교재들이 많이 출간되었고 여러 학원이나 학교에서 검증된 교재를 채택하여 사용하고 있지만, 막상 일본어를 학습하거나 가르치기 위해 좋은 책을 추천해 달라는 부탁을 받으면 고민하게 되는 것이 사실입니다. 왜냐하면 나름대로의 장점을 가지고 있는 일본어 교재는 많이 있지만, 완벽하게 일본어 학습상의 필요를 충족시켜 주는 체계적인 교재는 별로 없기 때문입니다.

일본어는 한국어와 여러 면에서 비슷한 언어 특성상 다른 언어에 비해 보다 쉽게 배울 수 있음에도, 효과적으로 일본어를 배우거나 가르칠 수 있는 교재는 많지 않았습니다. 예를 들어 회화는 연습이 중요한데, 간단한 문형 연습이 있는 교재는 많아도 기초 문법을 활용하여 실제 회화 연습을 할 수 있는 교재는 거의 없었습니다. 또한 일본어 학습자들이 가장 어려워하는 한자의 경우, 한자를 차근차근 익힐 수 있도록 한 교재는 참 드물었습니다. 더구나 요즘에는 쉽고 편한 길을 좋아하는 사람들의 심리를 이용하여 몇 마디 표현만 그때그때 익히도록 하는 흥미 위주의 교재도 눈에 많이 띄었습니다.

이러한 현실 속에서 조금이나마 일본어 학습과 교육에 도움이 되고자 하는 바람에서 이 책을 쓰게 되었습니다. 교재가 완성되어 가는 과정을 보면서 역시 부족한 점이 눈에 띄고 아쉬움이 많이 남지만, 기초 문법을 탄탄히 다지면서 실전 회화 감각을 익힐 수 있는 학습자들을 배려한 최고의 교재임을 자부합니다.

아무쪼록 이 교재가 일본어를 가르치거나 배우는 모든 분들에게 참으로 유익한 책이 되길 간절히 바라며, 끝으로 이 책이 출판되기까지 애써 주신 넥서스저패니즈의 여러 관계자 분들께 감사드립니다.

2007년 11월 강경자

추천의 글

본 『와라와라 일본어』 시리즈는 주로 일본어 학원에서 쓰일 것을 염두에 두고 만들어졌으며, 등장인물은 회사원으로 설정되어 있다. 따라서, 각 과의 회화문은 대학 수업용으로 만들어진 교과서에 자주 나오는 학생과 학교 활동이 중심이 된 회화가 아닌, 일반적이고 보편적인 내용으로 구성되어 있다. 그래서 회사원은 물론이고 학생, 주부에 이르기까지 일본어를 처음 배우는 사람이 실제로 쓸 수 있는 표현을 단시간에 몸에 익힐 수 있도록 되어 있다.

본 교재는 기본적으로는 문형과 표현을 중심으로 명사문, 형용사문(い형용사・な형용사), 동사문과 기초 문법에 따라 차례대로 학습해 가도록 구성되어 있고, 각 과별로 다양한 장면을 설정한 연습문제와 FUN&TALK라는 자유로운 형식의 회화 연습문제도 있다. 즉, 일방적인 전달식 강의용 교재가 아니라 적극적으로 회화에 참가할 수 있도록 배려하여 강사의 교재 활용에 따라 수업 활동을 더욱 활발하게 전개시킬 수 있을 것이다.

또한, 본 교재의 특징으로 회화 안에서 사용되고 있는 어휘가 실제로 일본에서 쓰이고 있는 일상용어라는 점에 주목하고 싶다. 원래 교과서에서는 '휴대전화(携帯電話)'나 '디지털카메라(デジタルカメラ)'와 같은 생략되지 않은 사전 표제어 같은 형태가 제시되는 것이 기본이지만, 본 교재는 학습자가 일본인이 실제로 회화에서 쓰는 말을 알고 싶어하는 요구를 반영하여 'ケータイ', 'デジカメ'와 같은 준말 형태의 외래어(가타카나어)를 제시하였다.

이 교재만의 두드러지는 특징 가운데 또 하나는 일본어 초급 교재에서는 잘 볼 수 없는 한자와 외래어(가타카나어) 쓰기 연습이 제공되고 있다는 점이다. 한국어를 모국어로 하는 학습자는 비교적 일본어 학습 능력이 뛰어나다고 할 수 있으나 한자나 가타카나 표기가 서투르거나 잘 모르는 경우가 많다. 수업 중에 짬짬이 이러한 표기법이나 한자의 의미 등을 접할 기회를 고려하고 있는 점이 본 교재의 새롭고 뛰어난 점이라고 말할 수 있을 것이다.

덧붙여, 각 과마다 재미있는 삽화를 넣어 학습자가 학습 내용을 보다 쉽게 이해하고, 학습 의욕을 불러일으킬 수 있도록 하였다.

이처럼 다양한 학습상의 배려가 돋보이는 교재라는 점을 고려하여 많은 학원과 학교에서 쓰이기를 권한다.

2007년 11월 恩塚 千代

구성과 특징

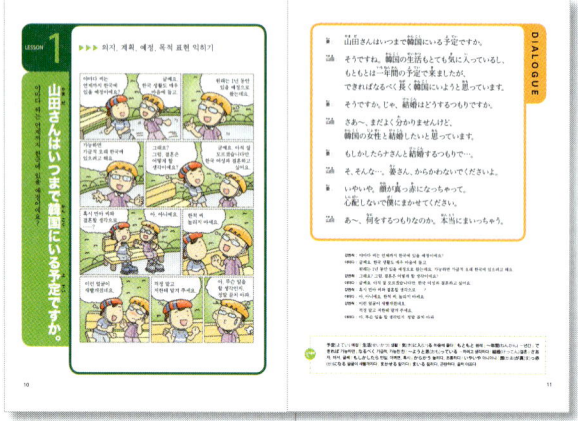

DIALOGUE

일상생활에서 흔히 접할 수 있는 주제를 중심으로 한 실제 회화로 이루어져 있습니다. 이 본문 회화에는 우리가 반드시 알아야 할 기초 문법과 어휘가 들어 있어서 자연스럽게 어휘, 문법, 회화를 동시에 익힐 수 있습니다. 무엇보다 처음 접하는 본문의 어려움을 최소화하기 위해서 본문 내용을 만화로 보여줌으로써 보다 재미있고 쉽게 공부할 수 있도록 배려하였습니다.

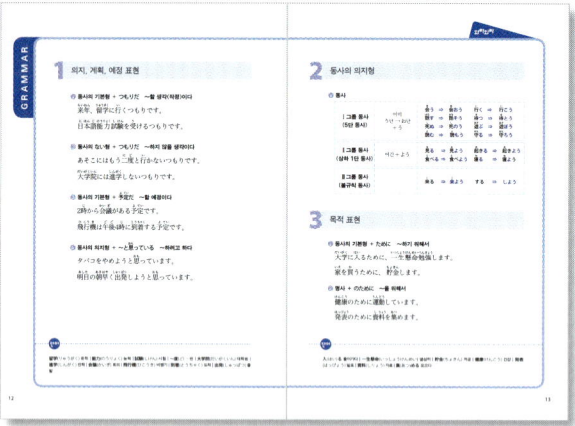

GRAMMAR

문법과 문형 파트에선 Dialogue에 나온 기초 문법을 보다 더 체계적이고 꼼꼼하게 학습할 수 있도록 예문을 제시하되 중요 문법인 경우 각 품사별 문형을 보여줌으로써 정확한 문법의 이해를 돕고 있습니다. 새로운 단어의 경우 어휘풀이를 넣어 스스로 예문 해석을 할 수 있도록 하였습니다.

LET'S TALK

이 교재의 가장 큰 특징 중의 하나는 본문과 문법 파트를 통해 익힌 문법과 회화 감각을 최대한 길러 주는 회화 연습이 풍부하다는 것입니다. 대부분의 일본어 기초 교재가 단순한 문형 연습에 그친 것에 반해 이 책의 회화 연습코너는 쉽고 재미있는 문제를 풍부하게 제공하고 있어 단시간에 문법과 회화를 자신의 것으로 만들 수 있는 장점이 있습니다. 또한 연습 문제를 청취 연습으로도 활용할 수 있게 함으로써 소홀해지기 쉬운 청취 부분을 더욱 강화하였습니다. 이를 통해 말하고 듣는 훈련 과정을 최대한 쉽게 소화해 낼 수 있도록 하였습니다.

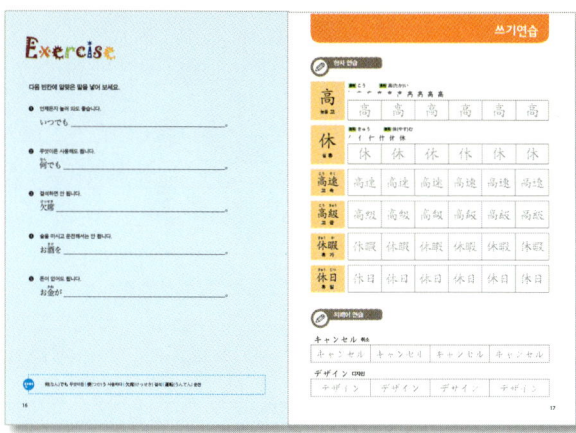

쓰기연습

대부분의 교재에는 한자 연습 코너가 없는 점을 보완하여, 기초부터 일본어 한자 연습을 할 수 있도록 따로 한자 연습 코너를 제공하였습니다. 한자의 음독·훈독을 확인하고 한자쓰기연습을 함으로써, 한자에 대한 기초 실력을 처음부터 탄탄히 쌓아갈 수 있도록 하였습니다. 난이도는 일본어능력시험 3, 4급 정도의 수준을 기준으로 하여 시험에도 자주 출제되는 중요하고 기초적인 한자입니다.

EXERCISE

각 과마다 작문 문제를 5개씩 담았습니다. 각 과에서 학습한 주요 문법을 활용하여 기초적인 표현을 다시 짚어봄으로써 읽고 말하고 듣고 쓸 수 있는 능력을 기를 수 있도록 하였습니다. 또한 작문에 어려움을 느끼는 초급 학습자들을 위해 문장의 첫 단어와 어려운 어휘를 제시하였습니다.

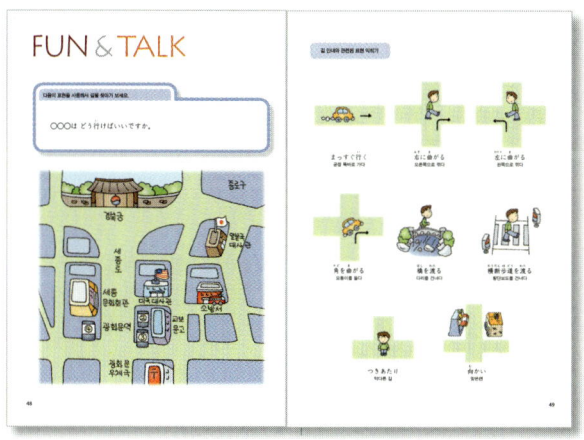

FUN & TALK

마지막 파트에는 게임처럼 즐기며 자유롭게 회화를 할 수 있는 코너입니다. 이는 일반적으로 기초 문법을 마친 사람을 대상으로 한 한인 회화 연습시간에 사용되는 게임식 회화 자료로서, 기초 문법과 회화 연습을 마친 학습자의 경우 충분히 활용해 볼 수 있는 코너입니다. 이 코너를 통해 상황에 맞는 유창한 일본어 회화 실력을 재미있게 키워 나갈 수 있을 것입니다.

차 례

Lesson 1 山田やまださんはいつまで韓国かんこくにいる予定よていですか。　10
야마다 씨는 언제까지 한국에 있을 예정이에요?
　　　　　의지, 계획, 예정 표현 | 동사의 의지형 | 목적 표현

Lesson 2 今いまにも雨あめが降ふり出だしそうですね。　금방이라도 비가 내릴 것 같네요.　20
　　　　　〜そうだ | 〜そうだ | 복합어 : 동사의 ます형 + 접미어 | 〜ように・〜ないように

Lesson 3 山田やまださんはたぶん長生ながいきするでしょう。　야마다 씨는 아마 오래 살 거예요.　30
　　　　　〜かもしれない / 〜かもしれません | 〜だろう / 〜でしょう | 〜はず

Lesson 4 何なんメートルぐらい泳およげますか。　몇 미터 정도 수영할 수 있어요?　42
　　　　　가능 표현 | 〜たばかりだ

Lesson 5 新入社員しんにゅうしゃいんの中なかにすごい人ひとがいるらしいですよ。　52
신입사원 중에 굉장한 사람이 있다고 하네요.
　　　　　〜らしい | 〜ようだ

Lesson 6 いろいろなおすしが回まわっていますね。　여러 가지 초밥이 돌아가고 있네요.　64
　　　　　〜てみる | 〜てある | 〜ところだ | 자동사와 타동사 | 상태를 나타내는 두 가지 표현

| Lesson 7 | お母様にさしあげる誕生日プレゼントですか。 | 74 |

어머니께 드릴 생신 선물 말이에요?

수수동사 | 보조 수수동사

| Lesson 8 | 普通どんな教育を受けさせますか。 보통 어떤 교육을 받게 합니까? | 84 |

사역 표현 | 동사의 사역형

| Lesson 9 | ご両親に叱られても仕方がないですね。 부모님께 야단맞아도 어쩔 수 없네요. | 94 |

동사의 수동형 | 수동형의 여러 가지 쓰임

| Lesson 10 | 部長に残業を押しつけられてしまいました。 | 104 |

부장님이 잔업을 떠맡겨 버렸습니다.

~させられる | ~ばかり

| Lesson 11 | 今回の書類をファックスでお送り致しました。 | 114 |

이번 서류를 팩스로 보냈습니다.

경어(敬語) 표현

정답　　　　　　　　　　　　　　　　　　　　　　　　　　　　　　　126

LESSON 1

▶▶▶ 의지, 계획, 예정, 목적 표현 익히기

山田さんはいつまで韓国にいる予定ですか。

야마다 씨는 언제까지 한국에 있을 예정이에요?

DIALOGUE

姜： 山田さんはいつまで韓国にいる予定ですか。

山田： そうですね。韓国の生活もとても気に入っているし、もともとは一年間の予定で来ましたが、できればなるべく長く韓国にいようと思っています。

姜： そうですか。じゃ、結婚はどうするつもりですか。

山田： さあ～、まだよく分かりませんけど、韓国の女性と結婚したいと思っています。

姜： もしかしたらナさんと結婚するつもりで…。

山田： そ、そんな…。姜さん、からかわないでくださいよ。

姜： いやいや。顔が真っ赤になっちゃって。心配しないで僕にまかせてください。

山田： あ～、何をするつもりなのか。本当にまいっちゃう。

강한척： 야마다 씨는 언제까지 한국에 있을 예정이에요?
야마다： 글쎄요. 한국 생활도 매우 마음에 들고.
　　　　 원래는 1년 동안 있을 예정으로 왔는데요, 가능하면 가급적 오래 한국에 있으려고 해요.
강한척： 그래요? 그럼, 결혼은 어떻게 할 생각이에요?
야마다： 글쎄요. 아직 잘 모르겠습니다만, 한국 여성과 결혼하고 싶어요.
강한척： 혹시 민아 씨와 결혼할 생각으로……?
야마다： 아, 아니에요. 한척 씨, 놀리지 마세요.
강한척： 이런 얼굴이 새빨개졌네요.
　　　　 걱정 말고 저한테 맡겨 주세요.
야마다： 아, 무슨 일을 할 생각인지. 정말 골치 아파.

단어

予定(よてい) 예정 | 生活(せいかつ) 생활 | 気(き)に入(い)る 마음에 들다 | もともと 원래 | ～年間(ねんかん) ～년간 | できれば 가능하면 | なるべく 가급적, 가능한 한 | ～ようと思(おも)っている ～하려고 생각하다 | 結婚(けっこん) 결혼 | さあ 자, 어서, 글쎄 | もしかしたら 만일, 어쩌면, 혹시 | からかう 놀리다, 조롱하다 | いやいや 아니아니 | 顔(かお)が真(ま)っ赤(か)になる 얼굴이 새빨개지다 | まかせる 맡기다 | まいる 질리다, 곤란하다, 골치 아프다

GRAMMAR

1 의지, 계획, 예정 표현

❶ 동사의 기본형 + つもりだ   ~할 생각(작정)이다

来年、留学に行くつもりです。

日本語能力試験を受けるつもりです。

❷ 동사의 ない형 + つもりだ   ~하지 않을 생각이다

あそこにはもう二度と行かないつもりです。

大学院には進学しないつもりです。

❸ 동사의 기본형 + 予定だ   ~할 예정이다

2時から会議がある予定です。

飛行機は午後4時に到着する予定です。

❹ 동사의 의지형 + ~と思っている   ~하려고 하다

タバコをやめようと思っています。

明日の朝早く出発しようと思っています。

단어

留学(りゅうがく) 유학 | **能力**(のうりょく) 능력 | **試験**(しけん) 시험 | **~度**(ど) ~번 | **大学院**(だいがくいん) 대학원 | **進学**(しんがく) 진학 | **会議**(かいぎ) 회의 | **飛行機**(ひこうき) 비행기 | **到着**(とうちゃく) 도착 | **出発**(しゅっぱつ) 출발

2 동사의 의지형

❶ 동사

	어미	
Ⅰ그룹 동사 (5단 동사)	어미 う단 → お단 ＋う	会う ⇒ 会おう　行く ⇒ 行こう 話す ⇒ 話そう　待つ ⇒ 待とう 死ぬ ⇒ 死のう　遊ぶ ⇒ 遊ぼう 読む ⇒ 読もう　守る ⇒ 守ろう
Ⅱ그룹 동사 (상하 1단 동사)	어간＋よう	見る ⇒ 見よう　起きる ⇒ 起きよう 食べる ⇒ 食べよう　寝る ⇒ 寝よう
Ⅲ그룹 동사 (불규칙 동사)		来る ⇒ 来よう　する ⇒ しよう

3 목적 표현

❶ 동사의 기본형 ＋ ために　～하기 위해서

大学に入るために、一生懸命勉強します。

家を買うために、貯金します。

❷ 명사 ＋ のために　～을 위해서

健康のために運動しています。

発表のために資料を集めます。

단어

入(はい)る 들어가다 | 一生懸命(いっしょうけんめい) 열심히 | 貯金(ちょきん) 저금 | 健康(けんこう) 건강 | 発表(はっぴょう) 발표 | 資料(しりょう) 자료 | 集(あつ)める 모으다

LET'S TALK

I 다음 보기와 같이 연습해 보세요.

> **보기**
> A: 今週の土曜日、何をするつもりですか。
> B: そうですね。友達と映画を見るつもりです。

1 今週末 / 家で休む

2 連休 / 旅行に行く

3 夏休み / アルバイトをする

4 授業が終ってから / お茶を飲みに行く

5 大学を卒業してから / 大学院に進学する

단어

今週末(こんしゅうまつ) 이번 주말 | 連休(れんきゅう) 연휴 | 夏休(なつやす)み 여름방학 | 卒業(そつぎょう) 졸업 | 大学院(だいがくいん)に進学(しんがく)する 대학원에 진학하다

Ⅱ 다음 보기와 같이 연습해 보세요.

> **보기**
> A: いつ日本に行くつもりですか。
> B: 来月日本に行こうと思っています。

1 結婚する / 来年
2 留学に行く / 再来年
3 試験を受ける / 今年
4 引越す / 再来月

Ⅲ 다음 보기와 같이 연습해 보세요.

> **보기**
> A: 何のために日本語を勉強しているんですか。
> B: 試験を受けるために日本語を勉強しています。

1 日本へ旅行に行く
2 ネイティブと日本語で話す
3 日本へ留学に行く
4 就職

단어

留学(りゅうがく) 유학 | 再来年(さらいねん) 내후년 | 試験(しけん)を受(う)ける 시험을 치다 | 引越(ひっこ)す 이사하다 | 再来月(さらいげつ) 다다음달 | ネイティブ 네이티브 | 就職(しゅうしょく) 취직

Exercise

다음 빈칸에 알맞은 말을 넣어 보세요.

❶ 일본에 유학 갈 생각입니다. (留学に行く)
   日本へ _____。

❷ 여행하기 위해서 아르바이트를 할 생각입니다. (旅行する)
   旅行する _____。

❸ 그녀와는 두 번 다시 만나지 않을 생각입니다. (会う)
   彼女とは _____。

❹ 다음 주 일본으로 출장 갈 예정입니다. (出張に行く)
   来週 _____。

❺ 다음 달부터 운동을 시작하려고 생각하고 있습니다. (運動を始める)
   来月から _____。

단어 アルバイト 아르바이트 | 二度(にど)と 두 번 다시 | 出張(しゅっちょう)に行(い)く 출장 가다 | 運動(うんどう) 운동

쓰기연습

한자 연습

着 도착할 착
- 음독 ちゃく
- 훈독 着(つ)く 着(き)る
- 丶 ⺍ ⺍ ⺌ 兰 芏 羊 着 着 着 着

著 着 着 着 着 着

発 발할 발
- 음독 はつ(ぱつ, ほつ)
- 훈독 発(た)つ
- ノ ヌ 癶 癶 癶 癶 癶 発

発 発 発 発 発 発

到着 とうちゃく 도착

到着 到着 到着 到着 到着 到着

着用 ちゃくよう 착용

着用 着用 着用 着用 着用 着用

出発 しゅっぱつ 출발

出発 出発 出発 出発 出発 出発

発表 はっぴょう 발표

発表 発表 発表 発表 発表 発表

외래어 연습

ヨーロッパ 유럽

| ヨーロッパ | ヨーロッパ | ヨーロッパ | ヨーロッパ |

ネイティブ 네이티브

| ネイティブ | ネイティブ | ネイティブ | ネイティブ |

FUN & TALK

인생은 끝없는 선택의 갈림길입니다.
앞으로의 계획에 대해 서로 묻고 답해 보세요.

～つもりです　　～할 생각입니다

대학 졸업 후엔?

1
就職する
취직하다

2
留学に行く
유학가다

3
大学院に行く
대학원을 가다

자신을 위해 투자를 한다면?

1
外国語を習う
외국어를 배우다

2
運動する
운동하다

3
バイオリンを習う
바이올린을 배우다

결혼은 어떻게?

1
恋愛結婚をする
연애결혼을 하다

2
お見合結婚をする
중매결혼을 하다

신혼여행은 어디로?

1

ヨーロッパに行く
유럽에 가다

2

ハワイに行く
하와이에 가다

3

日本に行く
일본에 가다

4

タイに行く
태국에 가다

결혼 후 1.

1

子供を産む
아이를 낳다

2

子供を産まない
아이를 낳지 않다

결혼 후 2.

1

(一戸建て) 住宅に住む
단독주택에 살다

2

アパート(マンション)に住む
아파트(맨션)에 살다

LESSON 2

▶▶▶ 전문, 양태, 추측의 조동사 익히기

今にも雨が降り出しそうですね。
금방이라도 비가 내릴 것 같네요.

DIALOGUE

ナ: どんよりと曇って今にも雨が降り出しそうですね。

田中: そうですね。
　　　天気予報によると明日から梅雨が始まるそうですよ。

ナ: そうですか。梅雨が終わったらもう本格的な夏ですね。

田中: ニュースによると今年は100年ぶりの暑さで、
　　　大変過ごしにくい夏になるそうですよ。

ナ: そうですか。夏ばてしないように、
　　　体に気をつけなければなりませんね。

田中: そうですね。じゃ、明日は健康のために、
　　　サムゲタンでも食べに行きましょうか。

ナ: それもいいですね。そうしましょう。

나미아 : 잔뜩 흐리게 금방이라도 비가 내릴 것 같네요.
다나카 : 그렇군요.
　　　　　일기예보에 의하면 내일부터 장마가 시작된다고 하던대요.
나미아 : 그래요? 장마가 끝나면 이제 본격적인 여름이 오겠네요.
다나카 : 뉴스에 따르면 올해는 100년 만의 더위로
　　　　　지내기 힘든 여름이 될 거라고 합니다.
나미아 : 그래요? 여름 타지 않도록
　　　　　건강에 유의해야겠네요.
다나카 : 그래요. 그럼, 내일은 건강을 위해
　　　　　삼계탕이라도 먹으러 갈까요?
나미아 : 그것도 좋네요. 그렇게 해요.

どんよりと 날씨가 잔뜩 흐린 모양(어두침침함) | 曇(くも)る 흐리다 | 今(いま)にも 금방, 당장이라도 | 降(ふ)り出(だ)す 내리기 시작하다 | ~そうだ ~라고 하다, ~인 것 같다 | 天気予報(てんきよほう) 일기예보 | ~によると ~에 의하면 | 明日(あした) 내일 | 梅雨(つゆ) 장마 | 始(はじ)まる 시작되다 | 本格的(ほんかくてき) 본격적 | ニュース 뉴스 | 今年(ことし) 올해 | ~ぶり ~만에 | 暑(あつ)さ 더위 | 大変(たいへん) 매우, 몹시 | ~にくい ~하기 어렵다 | 夏(なつ)ばて 여름을 탐 | 体(からだ)に気(き)をつける 건강에 유의하다, 신경 쓰다 | 健康(けんこう) 건강 | ~のために ~을 위해서 | サムゲタン 삼계탕

GRAMMAR

1 〜そうだ 〜라고 하다 〈전문〉

❶ 동사 (る / ている / た)

彼は明日来るそうです。

外は今雨が降っているそうです。

試験に合格したそうです。

❷ い형용사 (い / かった)

この頃、会社の仕事でとても忙しいそうです。

試験はとても易しかったそうです。

❸ な형용사 (だ / だった)

両親は元気だそうです。

映画は本当に感動的だったそうです。

❹ 명사 (だ / だった)

彼女は日本語の先生だそうです。

彼は学生時代、野球選手だったそうです。

단어

試験(しけん) 시험 | **合格**(ごうかく)**する** 합격하다 | **感動的**(かんどうてき) 감동적 | **学生時代**(がくせいじだい) 학창시절 | **野球**(やきゅう) 야구 | **選手**(せんしゅ) 선수

2 〜そうだ 〜한 것 같다 〈양태, 추측〉

❶ 동사 (ます형 + そうだ)

雨(あめ)が降(ふ)りそうです。

赤(あか)ちゃんが泣(な)きそうです。

❷ い형용사 (어간 + そうだ)

ラーメンがとてもおいしそうです。

先生(せんせい)の時計(とけい)は高(たか)そうです。

cf. 예외) ない → なさそうだ / よい → よさそうだ

❸ な형용사 (어간 + そうだ)

この車(くるま)は丈夫(じょうぶ)そうです。

子供(こども)たちはみんな元気(げんき)そうです。

❹ 수식형 (そうな + 명사 / そうに + 동사)

おいしそうなラーメンですね。

おいしそうに食(た)べています。

단어

赤(あか)ちゃん 아기 | 泣(な)く 울다 | 丈夫(じょうぶ)だ 튼튼하다

GRAMMAR

3 복합어 : 동사의 **ます**형 + 접미어

❶ ～やすい ～하기 쉽다 (용이함, 간편함의 뜻을 더하는 접미어)

この料理は簡単で、とても作りやすいです。

先生の説明はおもしろいし、分かりやすいです。

❷ ～にくい ～하기 어렵다 (어려움, 불편함의 뜻을 더하는 접미어)

日本語の漢字は読みにくいです。

この服はきれいですけど、とても着にくいです。

❸ ～すぎる 지나치게 ～하다 (지나침, 과도함의 뜻을 더하는 접미어)

飲みすぎて、頭が痛いです。

このごろ食べすぎて、太ってしまいました。

4 **～ように・～ないように** ～하도록・～하지 않도록 〈권유〉

❶ ～ように ～하도록

明日までにレポートを提出するようにしてください。

毎日規則的に運動するように。

❷ ～ないように ～하지 않도록

授業に遅れないように気をつけています。

あまり急がないように。

단어

簡単(かんたん)だ 간단하다 | 説明(せつめい) 설명 | 服(ふく) 옷 | 頭(あたま)が痛(いた)い 머리가 아프다 | 太(ふと)る 살찌다 | 着(き)る 입다 | レポート 리포트 | 提出(ていしゅつ) 제출 | 規則的(きそくてき) 규칙적 | 授業(じゅぎょう)に遅(おく)れる 수업에 늦다 | 気(き)をつける 조심하다 | 急(いそ)ぐ 서두르다

LET'S TALK

I 다음 보기와 같이 연습해 보세요.

보기
A : Bさん、知っていますか。
B : え、何ですか。
A : ニュースによると
日本で韓国のドラマがとても人気があるそうです。

1 天気予報 / 明日は雨

2 新聞 / 物価が上がる

3 雑誌 / 今年はこのファッションが流行る

4 ニュース / 来年も不景気が続く

5 姜さんの話 / 学生時代とても人気があった

단어

ドラマ 드라마 | 人気(にんき) 인기 | 新聞(しんぶん) 신문 | 物価(ぶっか) 물가 | 上(あ)がる 오르다 | 雑誌(ざっし) 잡지 | ファッション 패션 | 流行(はや)る 유행하다 | 不景気(ふけいき) 불경기 | 続(つづ)く 계속되다, 이어지다

LET'S TALK

Ⅱ 다음 보기와 같이 연습해 보세요.

> **보기**
> テーブルの上(うえ)のペン / 落(お)ちる
> ⇒ テーブルの上(うえ)のペンが落(お)ちそうですよ。

1 シャツのボタン / 取(と)れる

2 キムチ / 本当(ほんとう)に辛(から)い

3 家(いえ) / 倒(たお)れる

4 ケーキ / おいしい

5 くつ / はきやすい

단어

テーブル 테이블 | **落(お)ちる** 떨어지다 | **シャツ** 셔츠 | **ボタン** 단추 | **取(と)れる** 떨어지다, 빠지다 | **倒(たお)れる** 쓰러지다 | **はく** (신발·양말 등을) 신다 | **はきやすい** 신기 편하다

Exercise

다음 빈칸에 알맞은 말을 넣어 보세요.

❶ 일기예보에 의하면 올해 겨울은 따뜻할 거라고 합니다.
　天気予報 _____。

❷ 선생님의 설명은 정말 이해하기 쉽다고 합니다.
　先生の _____。

❸ 그녀는 비싸 보이는 액세서리를 하고 있습니다.
　彼女は _____。

❹ 가능한 일본어로 말하도록 해 주세요.
　なるべく _____。

❺ 여권을 잃어버리지 않도록 주의하세요.
　パスポートを _____。

暖(あたた)かい 따뜻하다 | 説明(せつめい) 설명 | アクセサリー 액세서리 | パスポート 여권 | 忘(わす)れる 잃어버리다 | 注意(ちゅうい)する 주의하다

쓰기연습

 한자 연습

説 말씀 설
- 음독 せつ(せっ)
- 훈독 説(と)く
- 丶 亠 三 言 言 言 言 誩 誩 誩 説

| 説 | 説 | 説 | 説 | 説 | 説 |

明 밝을 명
- 음독 明(めい) 明(みょう)
- 훈독 明(あか)るい 明(あ)ける 明(あき)らか
- 丨 冂 日 日 明 明 明

| 明 | 明 | 明 | 明 | 明 | 明 |

説明 せつめい 설명

| 説明 | 説明 | 説明 | 説明 | 説明 | 説明 |

小説 しょうせつ 소설

| 小説 | 小説 | 小説 | 小説 | 小説 | 小説 |

明示 めいじ 명시

| 明示 | 明示 | 明示 | 明示 | 明示 | 明示 |

明日 あした 내일

| 明日 | 明日 | 明日 | 明日 | 明日 | 明日 |

 외래어 연습

ラジオ 라디오

| ラジオ | ラジオ | ラジオ | ラジオ |

アクセサリー 액세서리

| アクセサリー | アクセサリー | アクセサリー | アクセサリー |

FUN & TALK

다음의 그림을 보고 그 느낌을 말해 보세요.

～そうですね

1 幸(しあわ)せだ 행복해 보여요

2 大変(たいへん)だ 힘들어 보여요

3 さびしい 쓸쓸해 보여요

4 頭(あたま)がいい 머리가 좋아 보여요

5 お金(かね)がない 돈이 없어 보여요

6 いそがしい 바빠 보여요

7 痛(いた)い 아파 보여요

8 おもしろい 재미있어 보여요

9 不安(ふあん)だ 불안해 보여요

10 優(やさ)しい 상냥해 보여요

11 元気(げんき)だ 건강해 보여요

LESSON 3

▶▶▶ 추측 표현 익히기

山田さんはたぶん長生きするでしょう。
やまだ　　　　　　　　ながい

야마다 씨는 아마 오래 살 거예요.

DIALOGUE

姜： 山田さん、知っていますか。
韓国の男性の中で25%以上の人が癌にかかるそうですよ。

山田： え？まさか。
そんなに多くの人が癌にかかるんですか。

姜： それで、健康保険に加入しておこうと思っています。
僕も癌にかかるかもしれませんから。

山田： そうですか。僕も急に健康のことが心配になりました。

姜： ハハ、心配しなくてもいいですよ。
山田さんが癌にかかるはずがありません。
タバコもお酒もしないし、毎日規則的に運動するし。
山田さんはたぶん長生きするでしょう。

山田： じゃ、姜さんもこれからタバコとお酒をやめたら
いいんじゃないですか。

姜： そ、それはそうなんですけど…。

강한척: 야마다 씨, 아세요?
한국 남자들 중에서 25% 이상이 암에 걸린다고 합니다.
야마다: 네? 설마요. 그렇게 많은 사람이 암에 걸립니까?
강한척: 그래서 건강보험에 가입해 두려고 합니다.
저도 암에 걸릴지 모르니까요.
야마다: 그래요? 저도 갑자기 건강이 걱정되네요.
강한척: 하하, 걱정하지 않아도 됩니다. 야마다 씨가 암에 걸릴 리가 없어요.
담배도 술도 안 하고, 매일 규칙적으로 운동하고. 야마다 씨는 아마 오래 살 거예요.
야마다: 그럼, 한척 씨도 이제부터 담배와 술을 끊으면 되지 않아요?
강한척: 그, 그건 그런데요…….

단어
男性(だんせい) 남성 | 癌(がん) 암 | かかる 걸리다 | まさか 설마 | 健康(けんこう) 건강 | 保険(ほけん) 보험 | 加入(かにゅう)する 가입하다 | ～ておく ～해 두다, ～해 놓다 | ～はずがない ～일 리가 없다 | タバコ 담배 | お酒(さけ) 술 | 規則的(きそくてき) 규칙적 | たぶん 아마 | 長生(ながい)きする 장수하다 | ～たらいいんじゃない ～하면 되지 않아? | やめる 그만두다, 끊다

1 ~かもしれない/~かもしれません

~일지도 모른다 / ~일지도 모릅니다

❶ 동사 (る / ている / た)

来年結婚するかもしれません。

どこかで遊んでいるかもしれません。

もう会社を辞めたかもしれません。

❷ い형용사 (い / かった)

高いかもしれません。

寒かったかもしれません。

❸ な형용사 (어간 / だった)

ちょっと不便かもしれません。

有名だったかもしれません。

❹ 명사 (명사 / だった)

学生かもしれません。

恋人だったかもしれません。

단어

結婚(けっこん)する 결혼하다 | どこかで 어딘가에서 | 遊(あそ)ぶ 놀다 | もう 이미, 벌써 | 辞(や)める 그만두다 | 不便(ふべん)だ 불편하다 | 恋人(こいびと) 연인

와라와라

2 ～だろう/～でしょう ～이겠지 / ～이겠지요

❶ 동사 (る / ている / た)

彼はきっと来るでしょう。

今図書館で勉強しているでしょう。

もう出発したでしょう。

❷ い형용사 (い / かった)

多分とても忙しいでしょう。

パーティーは楽しかったでしょう。

❸ な형용사 (어간 / だった)

とても便利でしょう。

有名だったでしょう。

❹ 명사 (명사 / だった)

明日は晴れでしょう。

いい先生だったでしょう。

단어

きっと 꼭, 반드시 | 図書館(としょかん) 도서관 | 出発(しゅっぱつ) 출발 | 多分(たぶん) 아마 | 便利(べんり)だ 편리하다 | 晴(は)れ 맑음

3 〜はず 〈강한 추측〉

❶ 〜はずだ 〜일 것이다, 〜할 것이다

昨日(きのう)ボーナスをもらったからお金(かね)があるはずです。

金(キム)さんは山田(やまだ)さんの電話番号(でんわばんごう)を知(し)っているはずです。

❷ 〜はずがない 〜일 리가 없다, 〜할 리가 없다

教室(きょうしつ)にまだ学生(がくせい)たちがいるはずがないです。

親切(しんせつ)な彼女(かのじょ)がそんなことをするはずがないです。

단어

ボーナス 보너스 | 電話番号(でんわばんごう) 전화번호

LET'S TALK

Ⅰ 다음 보기와 같이 연습해 보세요.

> **보기**
> A : ナさんがきれいな服を着ていますね。
> B : そうですね。今日お見合いするかもしれません。

1 A : 姜さんが遅いですね。
　B : (残業がある)

2 A : 山田さんがうれしそうですね。
　B : (デートがある)

3 A : 田中さんが寂しそうですね。
　B : (失恋した)

4 A : ナさんが悲しそうですね。
　B : (試験に落ちた)

단어

お見合(みあ)い 맞선 | 嬉(うれ)しい 기쁘다 | 寂(さび)しい 쓸쓸하다 | 失恋(しつれん)する 실연하다 | 悲(かな)しい 슬프다

Ⅱ 다음 보기와 같이 연습해 보세요.

> **보기**
> A : 今頃、金さんは何をしているでしょうか。
> B : そうですね。たぶん友達と遊んでいるでしょう。

1 A : 先生はどんな料理が好きでしょうか。
　B : (日本料理)

2 A : 中村さんはパーティーに来るでしょうか。
　B : (来ない)

3 A : 今年の試験は難しいでしょうか。
　B : (かなり難しい)

4 A : 今頃日本に着いたでしょうか。
　B : (もう着いた)

5 A : あの人は誰でしょうか。
　B : (姜さんの友達)

Ⅲ 다음 보기와 같이 연습해 보세요.

> **보기**
> A : 金さんは勉強をしているでしょう。
> B : いいえ、金さんが勉強をしているはずがないです。

1 彼女は今年就職する

2 山田さんはナさんと結婚する

3 今山田さんはお酒を飲んでいる

4 金さんは来年会社を辞める

5 あの映画はおもしろい

단어

就職(しゅうしょく)する 취직하다 | 辞(や)める 그만두다

Exercise

다음 빈칸에 알맞은 말을 넣어 보세요.

❶ 선생님은 매우 기뻐할 거예요. (喜ぶ)

先生は _____。

❷ 지금쯤 친구들이랑 술 마시고 있을 거예요. (お酒を飲む)

今頃 _____。

❸ 내일은 휴일이니까 한가할 거예요. (暇だ)

明日は _____。

❹ 회의에 좀 늦을지도 모르겠습니다. (遅れる)

会議に _____。

❺ 그녀가 모를 리가 없습니다. (知らない)

彼女が _____。

 大変(たいへん) 매우 | 喜(よろこ)ぶ 기뻐하다 | 休(やす)み 휴일 | ちょっと 좀, 조금 | 遅(おく)れる 늦다

쓰기연습

한자 연습

急 급할 급
- 음독 急(きゅう)
- 훈독 急(いそ)ぐ
- ノ ク ク 与 刍 刍 急 急 急

| 急 | 急 | 急 | 急 | 急 | 急 |

入 들 입
- 음독 にゅう
- 훈독 入(い)る 入(い)れる 入(はい)る
- ノ 入

| 入 | 入 | 入 | 入 | 入 | 入 |

急用 급한 일 (きゅう よう)

| 急用 | 急用 | 急用 | 急用 | 急用 | 急用 |

急行 급행 (きゅう こう)

| 急行 | 急行 | 急行 | 急行 | 急行 | 急行 |

入学 입학 (にゅう がく)

| 入学 | 入学 | 入学 | 入学 | 入学 | 入学 |

入院 입원 (にゅう いん)

| 入院 | 入院 | 入院 | 入院 | 入院 | 入院 |

외래어 연습

ボーナス 보너스

| ボーナス | ボーナス | ボーナス | ボーナス |

パーティー 파티

| パーティー | パーティー | パーティー | パーティー |

FUN & TALK

여러분이 상상력을 발휘하여 그림을 보면서 어떤 상황인지를 말해 보세요.

～かもしれません

Ⅰ 강한척 씨가 회사를 결근하다

1

家(いえ)で休(やす)んでいる
집에서 쉬고 있다

2

ストレスでお酒(さけ)を飲(の)んでいる
스트레스로 술을 마시고 있다

4

事故(じこ)で入院(にゅういん)した
사고로 입원했다

3

出張(しゅっちょう)に行(い)った
출장을 갔다

5

旅行(りょこう)に行(い)った
여행을 갔다

Ⅱ 나민아 씨가 꽃단장하고 기뻐하고 있다

1

コンサートに行く
콘서트에 가다

2

デートがある
데이트가 있다

4

先生のお宅を訪問する
선생님 댁을 방문하다

3

お見合いをする
맞선을 보다

5

誕生日
생일

LESSON 4

何メートルぐらい泳げますか。

몇 미터 정도 수영할 수 있어요?

▶▶▶ 가능 표현 익히기

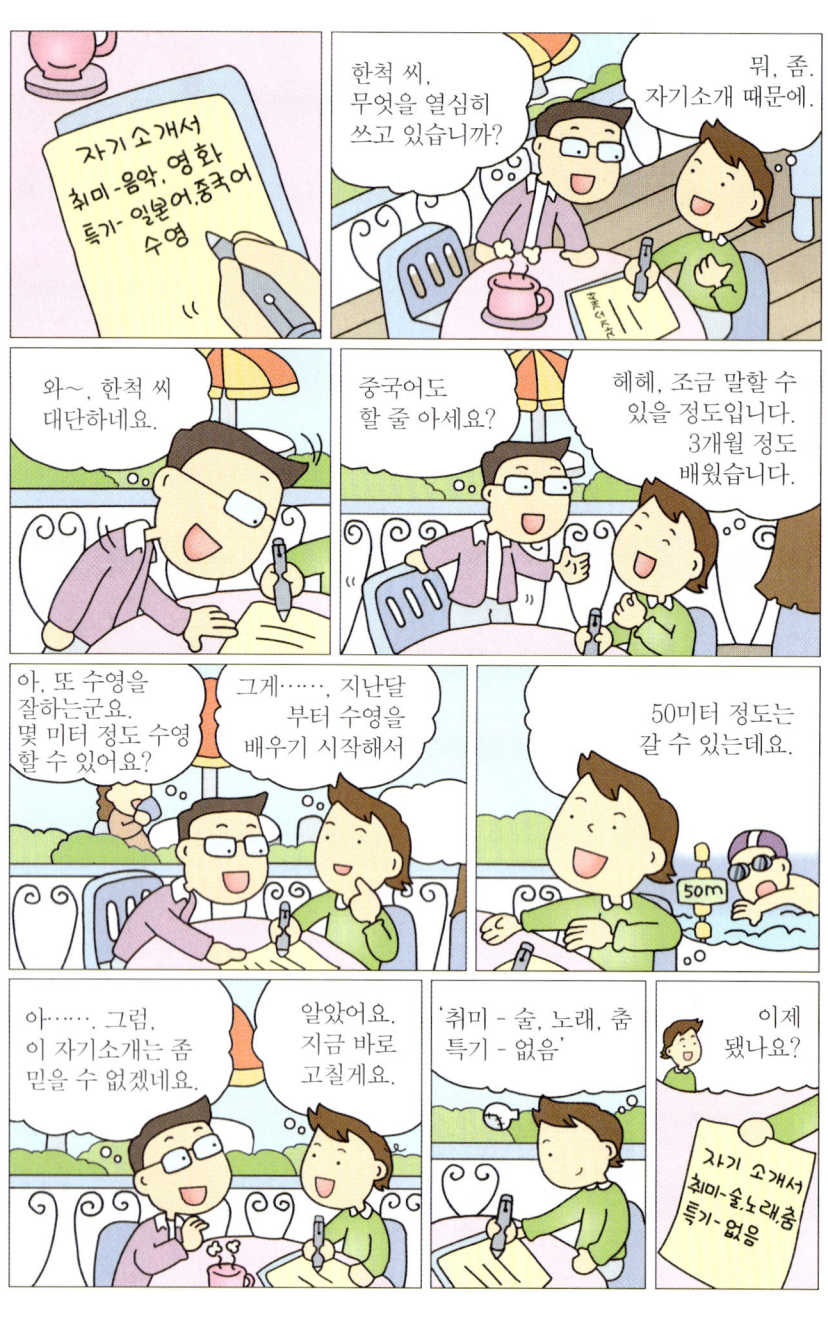

DIALOGUE

姜: 「趣味 – 音楽・映画 / 特技 – 日本語・中国語・水泳」

山田: 姜さん、いっしょうけんめい何を書いていますか。

姜: まあ〜、ちょっと。自己紹介のために。

山田: わあ〜、姜さんすごいですね。中国語もできるんですか。

姜: へへ、ちょっと話せるぐらいです。3ヶ月ぐらい習いました。

山田: お、それに水泳が上手なんですね。
何メートルぐらい泳げますか。

姜: それが…、先月から水泳を始めたばかりで、
50メートルぐらいは泳げますが…。

山田: えー。じゃ、この自己紹介ちょっと信じられませんね。

姜: わかりましたよ。今すぐ直しますよ。
「趣味 – お酒・歌・踊り / 特技 – 無し」
これでいいですか。

강한척: '취미 – 음악 · 영화 / 특기 – 일본어 · 중국어 · 수영'
야마다: 한척 씨, 무엇을 열심히 쓰고 있습니까?
강한척: 뭐, 좀. 자기소개 때문에.
야마다: 와〜, 한척 씨 대단하네요. 중국어도 할 줄 아세요?
강한척: 헤헤, 조금 말할 수 있을 정도입니다. 3개월 정도 배웠습니다.
야마다: 아, 또 수영을 잘하는군요. 몇 미터 정도 수영할 수 있어요?
강한척: 그게……, 지난달부터 수영을 배우기 시작해서
50미터 정도는 갈 수 있는데요.
야마다: 아……. 그럼, 이 자기소개는 좀 믿을 수 없겠네요.
강한척: 알았어요. 지금 바로 고칠게요.
'취미 – 술 · 노래 · 춤 / 특기 – 없음'
이제 됐나요?

趣味(しゅみ) 취미 | **音楽**(おんがく) 음악 | **映画**(えいが) 영화 | **特技**(とくぎ) 특기 | **水泳**(すいえい) 수영 | **自己紹介**(じこしょうかい) 자기소개 | **〜のために** 〜 때문에 | **すごい** 굉장하다 | **できる** 가능하다, 할 수 있다 | **話**(はな)**せる** 말할 수 있다 | **習**(なら)**う** 배우다 | **メートル** 미터 | **泳**(およ)**げる** 헤엄칠 수 있다 | **始**(はじ)**める** 시작하다 | **〜たばかり** 막 〜 함 | **信**(しん)**じる** 믿다 | **直**(なお)**す** 고치다, 수정하다 | **歌**(うた) 노래 | **踊**(おど)**り** 춤 | **無**(な)**し** 없음

1 가능 표현

1. 가능동사

Ⅰ그룹 동사 (5단 동사)	う단 → え단 + る	会(あ)う	⇒	会(あ)える
		書(か)く	⇒	書(か)ける
		急(いそ)ぐ	⇒	急(いそ)げる
		話(はな)す	⇒	話(はな)せる
		立(た)つ	⇒	立(た)てる
		死(し)ぬ	⇒	死(し)ねる
		飛(と)ぶ	⇒	飛(と)べる
		読(よ)む	⇒	読(よ)める
		座(すわ)る	⇒	座(すわ)れる
Ⅱ그룹 동사 (상하 1단 동사)	어간 + られる	着(き)る	⇒	着(き)られる
		見(み)る	⇒	見(み)られる
		教(おし)える	⇒	教(おし)えられる
		覚(おぼ)える	⇒	覚(おぼ)えられる
Ⅲ그룹 동사 (불규칙 동사)		来(く)る	⇒	来(こ)られる
		する	⇒	できる

단어

急(いそ)ぐ 서두르다 | 立(た)つ 서다 | 飛(と)ぶ 날다 | 座(すわ)る 앉다 | 着(き)る 입다 | 教(おし)える 가르치다 | 覚(おぼ)える 외우다, 암기하다

2. 명사 + ～ができる

日本語ができます。

水泳ができます。

3. 동사의 기본형 + ～ことができる

日本料理を作ることができます。

英語でレポートを書くことができます。

2 ～たばかりだ ～한 지 얼마 안 되다

この前引越したばかりです。

結婚したばかりの新婚夫婦です。

運転免許を取ったばかりで、まだ運転が下手です。

단어

引越(ひっこ)す 이사하다 | 新婚夫婦(しんこんふうふ) 신혼부부 | 運転免許(うんてんめんきょ) 운전면허 | 取(と)る 따다, 취득하다

LET'S TALK

I 다음 보기와 같이 연습해 보세요.

> **보기**
> 英語(えいご)でレポートを書(か)くことができます。
> ⇒ 英語(えいご)でレポートが書(か)けます。
> この病気(びょうき)は治(なお)すことができません。
> ⇒ この病気(びょうき)は治(なお)せません。

1 いつでも海外(かいがい)へ行(い)くことができます。

2 郵便局(ゆうびんきょく)で特産物(とくさんぶつ)を買(か)うことができます。

3 コンビニで小包(こづつみ)を送(おく)ることができます。

4 この漢字(かんじ)は難(むずか)しくて読(よ)むことができません。

5 サイズが小(ちい)さくて着(き)ることができません。

단어

病気(びょうき) 병 | 治(なお)す 고치다 | 漢字(かんじ) 한자 | サイズ 사이즈

Ⅱ 다음 보기와 같이 연습해 보세요.

보기
A：この漢字が読めますか。
B：はい、読めます。／いいえ、読めません。

1　ギターを弾く / はい
2　自転車に乗る / はい
3　日本語で説明する / いいえ

Ⅲ 다음 보기와 같이 연습해 보세요.

보기
この前、車を買いました。
⇒ 車を買ったばかりです。

1　10分前、授業が始まりました。
2　今朝からジョギングを始めました。
3　昨日、店をオープンしました。
4　一週間前、就職しました。
5　先月開業しました。

단어

ギター 기타 | 弾(ひ)く 연주하다, 치다 | 自転車(じてんしゃ) 자전거 | 授業(じゅぎょう) 수업 | ジョギング 조깅 | 就職(しゅうしょく) 취직 | オープン 오픈 | 開業(かいぎょう) 개업

Exercise

다음 빈칸에 알맞은 말을 넣어 보세요.

❶ 휴대폰으로 송금할 수 있습니다. (送金)
　　ケータイで _____。

❷ 여기에는 주차할 수 없습니다. (駐車)
　　ここには _____。

❸ 내용이 많아 전부 외울 수 없습니다. (覚える)
　　内容が _____。

❹ 얼마 전에 산 카메라입니다. (買う)
　　この前 _____。

❺ 일본어 공부를 시작한 지 얼마 되지 않아 아직 서툽니다. (始める / 下手だ)
　　日本語の _____。

 ケータイ 휴대폰 | 送金(そうきん) 송금 | 駐車(ちゅうしゃ) 주차 | 内容(ないよう) 내용 | 覚(おぼ)える 외우다, 암기하다 | この前(まえ) 며칠 전 | ~たばかりだ ~한 지 얼마 안 되다 | まだ 아직

쓰기연습

 한자 연습

習 익힐 습
음독 しゅう　훈독 習(なら)う
フ フ ヲ ヲ ヲ ヲ ヲ ヲ 習 習 習

| 習 | 習 | 習 | 習 | 習 | 習 |

開 열 개
음독 かい　훈독 開(あ)く　開(あ)ける　開(ひら)く
一 ＝ ｒ ｆ ｐ 門 門 門 閂 閁 開 開

| 開 | 開 | 開 | 開 | 開 | 開 |

練習 れん しゅう 연 습

| 練習 | 練習 | 練習 | 練習 | 練習 | 練習 |

復習 ふく しゅう 복 습

| 復習 | 復習 | 復習 | 復習 | 復習 | 復習 |

開店 かい てん 개 점

| 開店 | 開店 | 開店 | 開店 | 開店 | 開店 |

開発 かい はつ 개 발

| 開発 | 開発 | 開発 | 開発 | 開発 | 開発 |

 외래어 연습

ジョギング 조깅

| ジョギング | ジョギング | ジョギング | ジョギング |

オープン 오픈

| オープン | オープン | オープン | オープン |

FUN & TALK

여러분은 다음 중에서 무엇을 할 수 있나요?

 英語 영어

 日本語 일어

 中国語 중국어

 フランス語 프랑스어

 ドイツ語 독일어

 スペイン語 스페인어

FUN & TALK

料理
りょうり
요리

サッカー
축구

野球
やきゅう
야구

バスケットボール
농구

スキー
스키

ゴルフ
골프

テニス
테니스

テコンドー
태권도

水泳
すいえい
수영

LESSON 5

▶▶▶ らしい와 ようだ의 추량 표현 익히기

新入社員の中にすごい人がいるらしいですよ。

신입사원 중에 굉장한 사람이 있다고 하네요.

DIALOGUE

姜： 田中さん！ビッグニュース！スクープ！
今度の新入社員の中にすごい人がいるらしいですよ。

田中： え、どんな人ですか。

姜： まるでモデルのようにきれいで、
英語も日本語もペラペラだそうです。

田中： わあ〜、すごいですね。

姜： なんだかとうとう運命の人に出会えるような
いい予感！よ〜し！
さっそく明日から彼女にアタックしてみなきゃ。

田中： やれやれ。うまく行くといいですけど。
まあ、とにかく頑張ってください。ファイト！

강한척 : 다나카 씨! 빅뉴스예요! 특종!
　　　　이번 신입사원 중에 굉장한 사람이 있다고 하네요.
다나카 : 아, 어떤 사람이에요?
강한척 : 마치 모델처럼 예쁘고 영어도 일본어도 능숙하다고 합니다.
다나카 : 와~, 굉장하네요.
강한척 : 왠지 마침내 운명의 사람을 만날 수 있을 것 같은 좋은 예감이 들어요!
　　　　좋았어! 당장 내일부터 그녀에게 대시해야겠어요.
다나카 : 거참. 잘 되면 다행이지만.
　　　　뭐, 아무튼 힘내세요. 파이팅!

ビッグニュース 빅뉴스 | スクープ 특종 | 新入社員(しんにゅうしゃいん) 신입사원 | 〜らしい 〜인 것 같다 | まるで 마치 | モデル 모델 | ペラペラ 술술(말을 거침없이 하는 모양) | なんだか 어쩐지, 왠지 | とうとう 드디어, 마침내 | 運命(うんめい) 운명 | 出会(であ)う 만나다 | 予感(よかん) 예감 | よし 자, 좋아 | さっそく 재빨리, 당장 | アタック 공격, 도전(attack), 대시 | 〜なきゃ 〜なければ의 축약형 | やれやれ 어이구, 맙소사, 거참 | うまく行(い)く (일이) 잘 되다 | まあ 뭐, 그럭저럭 | とにかく 아무튼, 어쨌든 | 頑張(がんば)る 힘내다, 열심히 하다 | ファイト 파이팅

1 ～らしい ～인 것 같다

1. 추측의 조동사 : ～인 것 같다

❶ 동사 (-る/ ている/ た)

明日出張に行くらしいです。
結婚しているらしいです。
試験に落ちたらしいです。

❷ い형용사 (-い/ かった)

お金がないらしいです。
試験は大変難しかったらしいです。

❸ な형용사 (어간/ だった)

いろいろと心配らしいです。
パーティーはとても賑やかだったらしいです。

❹ 명사 (명사/ だった)

彼女は山田さんの恋人らしいです。
前の会社の同僚だったらしいです。

2. 접미어 (명사+らしい) : ～답다, ～다운

子供らしい子供が好きです。
君らしくないね。

단어

出張(しゅっちょう) 출장 | 試験(しけん) 시험 | 賑(にぎ)やかだ 번잡하다, 북적거리다 | 恋人(こいびと) 연인 | 同僚(どうりょう) 동료 | 君(きみ) 자네, 너

2 〜ようだ　〜인 것 같다

1. 추측의 조동사

❶ 동사 (-る / ている / た)

誰か好きな人がいるようです。

なんだか秘密を知っているようです。

恋人にふられたようです。

❷ い형용사 (-い / かった)

気分が悪いようです。

時間がなかったようです。

❸ な형용사 (-な / だった)

この頃暇なようです。

彼女のことが好きだったようです。

❹ 명사 (-の / だった)

あの指輪はペアーリングのようです。

すごいショックだったようです。

秘密(ひみつ) 비밀 | ふられる 차이다 | 指輪(ゆびわ) 반지 | ペアーリング 커플링(pair ring) | ショック 쇼크

2. 비유

❶ 명사 + ～のようだ : ～인 것 같다

あの二人はまるで兄弟のようです。

日本語がぺらぺらで日本人のようです。

❷ ～ような (명사 수식형) : ～같은

彼女はお城のような家に住んでいます。

私にはまるで夢のような話です。

❸ ～ように (부사형) : ～같이, ～처럼

人形のようにかわいい赤ちゃんですね。

鳥のように空を飛びたいです。

단어

お城(しろ) 성 | 住(す)む 살다 | 夢(ゆめ) 꿈 | 人形(にんぎょう) 인형 | 鳥(とり) 새 | 空(そら) 하늘 | 飛(と)ぶ 날다

LET'S TALK

I 다음 보기와 같이 연습해 보세요.

> **보기**
> A: 彼女、元気ないですね。
> B: このごろ仕事で大変らしいです。

1. A: 彼、とてもうれしそうですね。
   B: (明日から一週間海外旅行に行く)

2. A: 彼女、とてもうれしそうですね。
   B: (試験に受かる)

3. A: あの店はいつも混んでいますね。
   B: (料理がとてもおいしい)

4. A: 彼、元気ないですね。
   B: (両親のことが心配だ)

5. A: あの人は誰ですか。
   B: (金さんの恋人だ)

단어

大変(たいへん)だ 큰일이다, 힘들다 | うれしい 기쁘다 | 海外(かいがい) 해외 | 旅行(りょこう)に行(い)く 여행을 가다 | 試験(しけん)に受(う)かる 시험에 합격하다 | 混(こ)む 붐비다

LET'S TALK

Ⅱ 다음 보기와 같이 연습해 보세요.

> **보기**
> A : 隣の教室はとても静かですね。
> B : そうですね。誰もいないようです。

1 A : 具合いはどうですか。
  B : (ちょっと熱がある)

2 A : 味はどうですか。
  B : (ちょっと辛い)

3 A : この服はどうですか。
  B : (ちょっと派手だ)

4 A : あの人は誰ですか。
  B : (大学時代の友だち)

단어
隣(となり) 이웃, 옆 | 教室(きょうしつ) 교실 | 静(しず)かだ 조용하다 | 具合(ぐあ)い 상태, 형편 | 熱(ねつ) 열 | 味(あじ) 맛 | 辛(から)い 맵다 | 派手(はで)だ 화려하다 | 大学時代(だいがくじだい) 대학시절

Ⅲ 다음 보기와 같이 연습해 보세요.

> **보기**
>
> モデル / きれいだ
>
> ⇒ わあ～、まるで<u>モデル</u>のように<u>きれい</u>ですね。

1 雪 / 肌が白い

2 歌手 / 歌が上手だ

3 砂糖 / 甘い

4 俳優 / ハンサムだ

5 人形 / かわいい

단어

雪(ゆき) 눈 | 肌(はだ) 피부 | 歌手(かしゅ) 가수 | 上手(じょうず)だ 능숙하다, 잘하다 | 砂糖(さとう) 설탕 | 甘(あま)い 달다 | 俳優(はいゆう) 배우 | 人形(にんぎょう) 인형

Exercise

다음 빈칸에 알맞은 말을 넣어 보세요.

❶ 요즘 일본에서 한국 드라마가 인기가 있는 것 같습니다. (人気がある)

   この頃 _____。

❷ 이 노래는 일본에서도 유명한 것 같습니다. (有名だ)

   この歌は _____。

❸ 이 김치가 더 매운 것 같습니다. (辛い)

   このキムチが _____。

❹ 그녀는 마치 모델처럼 예쁩니다. (きれいだ)

   彼女は _____。

❺ 마치 장난감 같은 카메라입니다. (おもちゃ)

   まるで _____。

단어 ドラマ 드라마 | キムチ 김치 | もっと 더, 더욱 | おもちゃ 장난감

쓰기연습

 한자 연습

住 살 주	음독 じゅう　　훈독 住(す)む　住(す)まい ノ イ イ´ イ⁻ 住 住

| 住 | 住 | 住 | 住 | 住 | 住 |

味 맛 미	음독 み　　훈독 味(あじ) 丨 口 口 口⁻ 口⁻ 吀 昧 味

| 味 | 味 | 味 | 味 | 味 | 味 |

住所 주 소 (じゅう・しょ)

| 住所 | 住所 | 住所 | 住所 | 住所 | 住所 |

住民 주 민 (じゅう・みん)

| 住民 | 住民 | 住民 | 住民 | 住民 | 住民 |

意味 의 미 (い・み)

| 意味 | 意味 | 意味 | 意味 | 意味 | 意味 |

趣味 취 미 (しゅ・み)

| 趣味 | 趣味 | 趣味 | 趣味 | 趣味 | 趣味 |

 외래어 연습

ペアーリング 커플링

| ペアーリング | ペアーリング | ペアーリング | ペアーリング |

ショック 쇼크

| ショック | ショック | ショック | ショック |

FUN & TALK

강한척 씨가 소개팅에 나갔습니다. 다음의 그림을 보면서 어떤 상황인지 추측해 보세요

1 相手が遅れるらしい　상대방이 좀 늦는 것 같다
   待っているらしい　기다리고 있는 것 같다

2 気に入ったらしい　마음에 드는 것 같다
   気に入らないらしい　마음에 들지 않는 것 같다

3 料理がおいしいらしい　음식이 맛있는 것 같다
   料理がおいしくないらしい　음식이 맛없는 것 같다

FUN & TALK

4 デートがおもしろくないらしい 데이트가 재미없는 것 같다
  デートがたのしいらしい 데이트가 즐거운 것 같다

5 困っているらしい 곤란해하는 것 같다
  お金がないらしい 돈이 없는 것 같다

6 二度と会わないつもりらしい 다시 만나지 않을 생각인 것 같다
  失望したらしい 실망한 것 같다

DIALOGUE

山田： ナさん、この前新しくできた回転寿司屋にいっしょに行きませんか。
一度行ってみましたけど、本当に気に入りまして…。

ナ： わあ～、いいですよ。私も一度行ってみたいと思っていたところなんです。仕事の後さっそく行ってみましょう。

(회전 초밥집)

ナ： わあ～、いろいろなおすしがたくさん回っていますね。じゃ、いただきます。

山田： このお店はおすしもおいしいですけど、インテリアや雰囲気もまったく日本のお店みたいです。

ナ： そうですね。
レジの前に招き猫が置いてあるのも日本と同じ…。

山田： じゃ、今日は勘定も日本式にしましょうか。割り勘で…。

ナ： え、それはちょっと…。高いのばかり食べたのに…。

야마다: 민아 씨, 얼마 전에 새로 생긴 회전 초밥집에 같이 안 갈래요?
한번 가 보았는데 정말 마음에 들어서…….
나민아: 와~, 좋아요. 저도 한번 가 보고 싶다고 생각하고 있던 참이에요.
일이 끝난 후에 바로 가 보죠.
(회전 초밥집)
나민아: 와~, 여러 가지 초밥이 많이 돌아가고 있네요. 그럼 잘 먹겠습니다.
야마다: 이 가게는 초밥도 맛있지만, 인테리어나 분위기도 정말 일본 가게 같아요.
나민아: 그렇네요. 계산대 앞에 고양이 인형이 놓여 있는 것도 일본과 같네요.
야마다: 그럼, 오늘은 계산도 일본식으로 할까요? 각자 부담으로…….
나민아: 어, 그건 좀……. 비싼 것만 먹었는데…….

단어

この前(まえ) 얼마 전 | 新(あたら)しく 새롭게 | できる 생기다 | 回転寿司屋(かいてんずしや) 회전 초밥집 | 仕事(しごと) 일 | さっそく 얼른, 재빨리 | おすし 초밥 | インテリア 인테리어 | 雰囲気(ふんいき) 분위기 | まったく 꼭, 정말 | レジ 계산대 | 招(まね)き猫(ねこ) 복을 부르는 고양이 인형 | 同(おな)じだ 같다 | 勘定(かんじょう) 계산 | 日本式(にほんしき) 일본식 | 割(わ)り勘(かん) 각자 부담 | 高(たか)い 비싸다 | ～のに ～인데, ~한데

65

GRAMMAR

1. 〜てみる　〜해 보다

日本(にほん)の料理(りょうり)を作(つく)ってみました。

彼女(かのじょ)と一度(いちど)話(はな)してみたいです。

日本(にほん)に行(い)ってみたいと思(おも)っています。

2. 〜てある　〜해 있다 (타동사 행위가 완료된 상태)

住所(じゅうしょ)が書(か)いてあります。

人形(にんぎょう)が置(お)いてあります。

駐車場(ちゅうしゃじょう)に車(くるま)が止(と)めてあります。

3. 〜ところだ　〜참이다

今(いま)からご飯(はん)を食(た)べるところです。

ご飯(はん)を食(た)べているところです。

今(いま)、ご飯(はん)を食(た)べたところです。

단어

料理(りょうり)を作(つく)る 요리를 만들다 | 住所(じゅうしょ) 주소 | 人形(にんぎょう) 인형 | 駐車場(ちゅうしゃじょう) 주차장 | ご飯(はん) 밥

4. 자동사와 타동사

자동사	타동사
-aる	-eる
始まる 시작되다	始める 시작하다
終わる 끝나다	終える 끝내다
決まる 정해지다	決める 정하다
止まる 멈추다	止める 세우다
閉まる 닫히다	閉める 닫다
かかる 걸리다	かける 걸다
上がる 오르다	上げる 올리다
下がる 내리다	下げる 내리다
集まる 모이다	集める 모으다
-る	-す
起きる 일어나다	起す 일으키다
出る 나가(오)다	出す 꺼내다
落ちる 떨어지다	落す 떨어뜨리다
消える 꺼지다	消す 끄다
-	-eる
開く 열리다	開ける 열다
つく 붙다	つける 붙이다
並ぶ 늘어서다	並べる 나란히 세우다
入る 들어가(오)다	入れる 넣다

GRAMMAR

5 상태를 나타내는 두가지 표현

자동사 + ている	타동사 + てある	
ドアが開いている	ドアが開けてある	문이 열려 있다
ドアが閉まっている	ドアが閉めてある	문이 닫혀 있다
電気がついている	電気がつけてある	전기가 켜져 있다
電気が消えている	電気が消してある	전기가 꺼져 있다
車が止っている	車が止めてある	차가 멈춰 있다
お金が入っている	お金が入れてある	돈이 들어 있다
カギがかかっている	カギがかけてある	열쇠가 잠겨 있다

단어

消(け)す 끄다 | 止(と)める 멈추다, 서다 | カギ 열쇠

LET'S TALK

I 다음 보기와 같이 연습해 보세요.

> **보기**
> テーブルの上に花瓶を置きました。
> ⇒ テーブルの上に花瓶が置いてあります。

1 ノートに名前を書きました。

⇒ _____。

2 コーヒーに砂糖を入れました。

⇒ _____。

3 ドアにカギをかけました。

⇒ _____。

4 レストランの予約をしました。

⇒ _____。

5 窓を開けました。

⇒ _____。

단어

花瓶(かびん)を置(お)く 꽃병을 놓다 | 名前(なまえ)を書(か)く 이름을 쓰다 | 砂糖(さとう)を入(い)れる 설탕을 넣다 | カギをかける 열쇠를 잠그다 | レストラン 레스토랑 | 予約(よやく) 예약

LET'S TALK

Ⅱ 다음 그림을 보면서 연습해 보세요.

> **보기**
> ドアは開いていますか。
> ⇒ はい、<u>ドアは開けてあります</u>。

1 電気はついていますか。

　⇒ はい、＿＿＿＿＿＿＿＿＿＿＿＿＿＿＿＿。

2 窓は閉まっていますか。

　⇒ はい、＿＿＿＿＿＿＿＿＿＿＿＿＿＿＿＿。

3 絵はかかっていますか。

　⇒ はい、＿＿＿＿＿＿＿＿＿＿＿＿＿＿＿＿。

4 テレビは消えていますか。

　⇒ はい、＿＿＿＿＿＿＿＿＿＿＿＿＿＿＿＿。

5 机の上に本は出ていますか。

　⇒ はい、＿＿＿＿＿＿＿＿＿＿＿＿＿＿＿＿。

단어

電気(でんき) 전기 | 窓(まど) 창문 | 消(き)える 꺼지다

Exercise

다음 빈칸에 알맞은 말을 넣어 보세요.

❶ 기모노를 한번 입어 보고 싶습니다. (着る)
　着物 _____。

❷ 집 앞에 차가 세워져 있습니다. (止める)
　家の前に _____。

❸ 깨끗이 청소되어 있습니다. (掃除)
　きれいに _____。

❹ 책상 위에 편지가 놓여 있습니다. (置く)
　机の上に _____。

❺ 지금 음악을 듣고 있는 참입니다. (聞く)
　今 _____。

 着物(きもの) 기모노 | 掃除(そうじ) 청소 | 手紙(てがみ) 편지 | 置(お)く 두다, 놓다 | 音楽(おんがく) 음악

쓰기연습

 한자 연습

所 바 소
- 음독 しょ   훈독 ところ
- 一 ㄱ ㄲ 戶 戶 所 所 所

| 所 | 所 | 所 | 所 | 所 | 所 |

割 나눌 할
- 음독 かつ   훈독 わり　割(わ)る　割(さ)く
- 丶 宀 宀 宀 宁 宇 害 害 害 割 割

| 割 | 割 | 割 | 割 | 割 | 割 |

長所 ちょうしょ / 장점

| 長所 | 長所 | 長所 | 長所 | 長所 | 長所 |

分割 ぶんかつ / 분할

| 分割 | 分割 | 分割 | 分割 | 分割 | 分割 |

割引 わりびき / 할인

| 割引 | 割引 | 割引 | 割引 | 割引 | 割引 |

役割 やくわり / 역할

| 役割 | 役割 | 役割 | 役割 | 役割 | 役割 |

 외래어 연습

ページ 페이지

| ページ | ページ | ページ | ページ |

コンサート 콘서트

| コンサート | コンサート | コンサート | コンサート |

ホテル 호텔

| ホテル | ホテル | ホテル | ホテル |

FUN & TALK

다음의 그림을 보고 일본의 주택 구조에 대해 얘기해 보세요.

床の間
도코노마

畳 / 座布団
다다미 / 방석

こたつの下に猫がいる
고타쓰 밑에 고양이가 있다

こたつの上にみかんがある
고타쓰 위에 귤이 있다

LESSON 7

お母様（かあさま）にさしあげる誕生日（たんじょうび）プレゼントですか。

어머니께 드릴 생신 선물 말이에요?

▶▶▶ 수수 표현 익히기

민아 씨, 다음 주 목요일은 어머니 생신인데,

선물로 무엇이 좋을까요?

어머니께 드릴 생신 선물 말이에요?

글쎄요, 뭐가 좋을까요?

저의 경우에는 항상 현금을 드리는데요.

부모님께 현금을요? 윗사람에게 괜찮은가요?

일본에서는 별로… 돈을 주는 것은 실례인 것 같아서……

그래요?

그렇군요.

한국에서는 경우에 따라 다르지만, 보통은 기쁘게 받아줍니다.

DIALOGUE

山田: ナさん、来週の木曜日は母の誕生日なんですけど、
プレゼントに何がいいでしょうか。

ナ: お母様にさしあげる誕生日プレゼントですか。
さあ〜、何がいいでしょうね。
私の場合はいつも現金をあげていますけど。

山田: ご両親に現金を？目上の人に大丈夫ですか。
日本ではあまり…。お金をあげるのは失礼なようで…。

ナ: そうですか。韓国では場合によって違いますけど、
普通は喜んで受けとってくれますよ。

山田: そうですか。

야마다 : 민아 씨, 다음 주 목요일은 어머니 생신인데,
선물로 무엇이 좋을까요?
나민아 : 어머니께 드릴 생신 선물 말이에요?
글쎄요, 뭐가 좋을까요?
저의 경우에는 항상 현금을 드리는데요.
야마다 : 부모님께 현금을요? 윗사람에게 괜찮은가요?
일본에서는 별로……. 돈을 주는 것은 실례인 것 같아서…….
나민아 : 그래요? 한국에서는 경우에 따라 다르지만,
보통은 기쁘게 받아줍니다.
야마다 : 그렇군요.

プレゼント 선물 | **さしあげる** 드리다 | **さあ** 글쎄 | **場合**(ばあい) 경우 | **現金**(げんきん) 현금 | **あげる** 주다 | **両親**(りょうしん) 부모님 | **目上**(めうえ)**の人**(ひと) 손윗사람 | **大丈夫**(だいじょうぶ)**だ** 괜찮다 | **失礼**(しつれい) 실례 | **〜によって** 〜에 따라, 〜에 의해 | **違**(ちが)**う** 다르다 | **普通**(ふつう) 보통 | **喜**(よろこ)**ぶ** 기뻐하다 | **受**(う)**けとる** 받다

GRAMMAR

1 수수동사

1. もらう (친구・손아랫사람에게서) 받다
   いただく (손윗사람으로부터) 받다

恋人(こいびと)に(から)指輪(ゆびわ)をもらいました。

妹(いもうと)に(から)誕生日(たんじょうび)プレゼントをもらいました。

先生(せんせい)に(から)手紙(てがみ)をいただきました。

2. やる (나 → 동물・식물・손아랫사람) 주다
   あげる (나 → 친구・남 → 남) 주다
   さしあげる (나・남 → 손윗사람) 드리다

花(はな)に水(みず)をやります。

友達(ともだち)に辞書(じしょ)をあげます。

先生(せんせい)にお花(はな)をさしあげます。

3. くれる (남・나의 가족 → 나) 주다
   くださる (손윗사람 → 나・나의 가족) 주시다

母(はは)は私(わたし)に小遺(こづか)いをくれました。

彼(かれ)は私(わたし)にコンサートのチケットをくれました。

先生(せんせい)は弟(おとうと)に本(ほん)をくださいました。

단어

指輪(ゆびわ) 반지 | プレゼント 선물 | 手紙(てがみ) 편지 | 辞書(じしょ) 사전 | 小遺(こづか)い 용돈 | コンサート 콘서트 | チケット 티켓

2 보조 수수동사

1. ～てやる / ～てあげる ～해 주다

弟(おとうと)に映画(えいが)を見(み)せてやります。

友達(ともだち)に本(ほん)を貸(か)してあげます。

山田(やまだ)さんに友達(ともだち)を紹介(しょうかい)してあげました。

2. ～てくれる / ～てくださる ～해 주다, 주시다

友達(ともだち)は私(わたし)を慰(なぐさ)めてくれました。

両親(りょうしん)は私(わたし)を信(しん)じてくれません。

先生(せんせい)は親切(しんせつ)に説明(せつめい)してくださいました。

3. ～てもらう / ～ていただく （친구・윗분으로부터）～해 받다

大変(たいへん)なとき、友達(ともだち)にたくさん助(たす)けてもらいました。

ガイドに観光地(かんこうち)を案内(あんない)してもらいました。

先生(せんせい)に日本(にほん)の歌(うた)を教(おし)えていただきました。

단어

見(み)せる 보여주다 | **貸(か)す** 빌려주다 | **紹介(しょうかい)する** 소개하다 | **慰(なぐさ)める** 위로하다 | **信(しん)じる** 믿다 | **助(たす)ける** 돕다, 도와주다 | **ガイド** 가이드, 안내인 | **観光地(かんこうち)** 관광지 | **案内(あんない)する** 안내하다

LET'S TALK

Ⅰ 다음 그림을 보면서 연습해 보세요.

> **보기**
> 誕生日のプレゼントに誰から何をもらいましたか。
> ⇒ 私は友達に花をもらいました。

1 父 / 時計

2 母 / かばん

3 恋人 / 指輪

4 親友 / 化粧品

5 先生 / 辞書

親友(しんゆう) 친한 친구 | **化粧品**(けしょうひん) 화장품

Ⅱ 다음 그림을 보면서 연습해 보세요.

> 보기
>
> A : <u>中村さんは金さんに何をあげましたか。</u>
>
> B : <u>ケータイをあげました。</u>

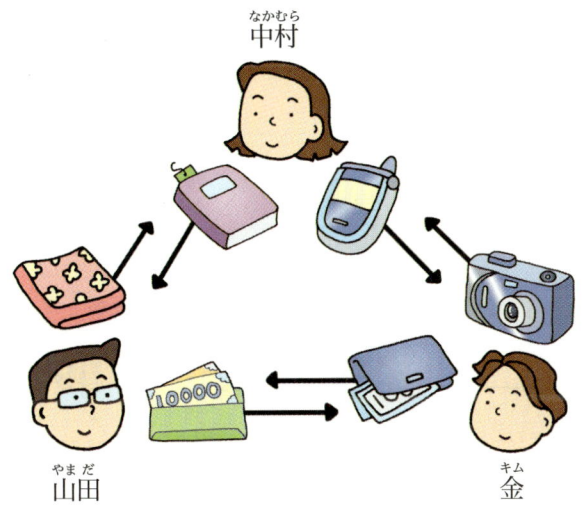

1 中村さん / 山田さん / もらいました

2 山田さん / 金さん / もらいました

3 山田さん / 金さん / あげました

4 金さん / 中村さん / あげました

단어

ハンカチ 손수건 | デジカメ 디지털카메라 | 商品券(しょうひんけん) 상품권 | 財布(さいふ) 지갑

Ⅲ 다음 그림을 보면서 연습해 보세요.

> 보기
> A : 先生はお兄さんに何をしてくださいましたか。
> B : 先生は兄に進学相談をしてくださいました。

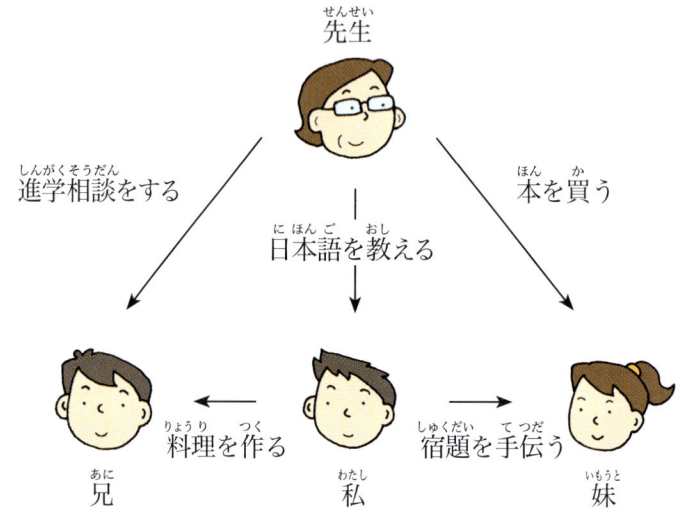

1 先生 / 妹 / ～てくださいました

2 私 / 先生 / ～ていただきました

3 私 / 兄 / ～てあげました

4 私 / 妹 / ～てやりました

進学相談(しんがくそうだん) 진학상담 | 宿題(しゅくだい) 숙제 | 手伝(てつだ)う 돕다

Exercise

다음 빈칸에 알맞은 말을 넣어 보세요.

❶ 친구로부터 생일 선물을 받았습니다. (誕生日プレゼント)
　友達に _____ 。

❷ 남동생에게 일본 노래를 가르쳐 주었습니다. (日本の歌を教える)
　弟に _____ 。

❸ 친구 리포트를 써주었습니다. (レポートを書く)
　友達の _____ 。

❹ 야마다 씨에게 친구를 소개받았습니다. (友達を紹介する)
　山田さんに _____ 。

❺ 선생님께서 사전을 골라 주셨습니다. (辞書)
　先生は _____ 。

 紹介(しょうかい)する 소개하다 | 辞書(じしょ) 사전 | 選(えら)ぶ 고르다, 선택하다

쓰기연습

 한자 연습

通 통할 통
- 음독: つう
- 훈독: 通(とお)る 通(とお)す 通(かよ)う
- 필순: フ マ 冂 冃 肙 甬 甬 浦 通

| 通 | 通 | 通 | 通 | 通 | 通 |

選 가릴 선
- 음독: せん
- 훈독: 選(えら)ぶ
- 필순: フ コ己 己己 弓弓 毘 毘 毘 巽 巽 選

| 選 | 選 | 選 | 選 | 選 | 選 |

交通 교통 (こう つう)

| 交通 | 交通 | 交通 | 交通 | 交通 | 交通 |

通勤 통근 (つう きん)

| 通勤 | 通勤 | 通勤 | 通勤 | 通勤 | 通勤 |

選手 선수 (せん しゅ)

| 選手 | 選手 | 選手 | 選手 | 選手 | 選手 |

選挙 선거 (せん きょ)

| 選挙 | 選挙 | 選挙 | 選挙 | 選挙 | 選挙 |

 외래어 연습

コンサート 콘서트

| コンサート | コンサート | コンサート | コンサート |

チケット 티켓

| チケット | チケット | チケット | チケット |

FUN & TALK

다음의 그림을 보고 누구에게 무엇을 선물할지를 말해 보세요.

LESSON 8

普通どんな教育を受けさせますか。
보통 어떤 교육을 받게 합니까?

▶▶▶ 사역형 익히기

DIALOGUE

田中：姜さん、この間の例の新入社員とは仲よくしていますか。

姜：ハハ。まだ声もかけられなくて。
このごろ彼女は新入社員教育でとても忙しいんです。

田中：社員教育？
韓国の会社では普通どんな教育を受けさせますか。

姜：そうですね。会社によってずいぶん違いますね。
いろいろなプログラムに参加させたり会社の業務を覚えさせたり。

田中：姜さんも会社で誰かを教育していますか。

姜：いいえ、やりたいんですけど任せてくれないんです。
どうしてでしょうか。

田中：本当にわからないんですか。
僕にそんなこと言わせないでくださいよ。

다나카: 한척 씨, 요전에 얘기한 신입사원과는 잘 지냅니까?
강한척: 하하. 아직 밀도 못 길어봤어요.
　　　　요즘 그녀는 신입사원 교육으로 매우 바쁩니다.
다나카: 사원교육이요?
　　　　한국 회사에서는 보통 어떤 교육을 받게 합니까?
강한척: 글쎄요. 회사마다 크게 다릅니다.
　　　　여러 가지 프로그램에 참가시키거나 회사의 업무를 익히게 하거나.
다나카: 한척 씨도 회사에서 누군가를 교육시키고 있습니까?
강한척: 아니요, 하고 싶은데 맡겨 주질 않습니다. 왜 그럴까요?
다나카: 정말 몰라요? 그런 건 저에게 묻지 말아 주세요.

단어
この間(あいだ) 요전, 지난번 | **例**(れい) 예(서로가 알고 있는 사항) | **新入社員**(しんにゅうしゃいん) 신입사원 | **仲**(なか)よく 사이좋게 | **かける** 걸다 | **教育**(きょういく) 교육 | **受**(う)**ける** 받다 | **～によって** ～에 의해 | **ずいぶん** 상당히, 꽤 | **いろいろ** 여러 가지 | **プログラム** 프로그램 | **参加**(さんか)**する** 참가하다 | **業務**(ぎょうむ) 업무 | **覚**(おぼ)**える** 익히다, 외우다 | **任**(まか)**せる** (일을) 맡기다

GRAMMAR

1 사역 표현

1. ～させる ～시키다

① 자동사

先生は学生を席に座らせます。
お母さんは子供を学校に行かせます。

② 타동사

先生は学生に本を読ませます。
お母さんは子供にご飯を食べさせます。

2. 사역형 관련 중요 표현

① ～させてください ～하게 해 주세요

僕にやらせてください。
私を行かせてください。

② ～させていただきます ～하겠습니다

自己紹介させていただきます。
ご案内させていただきます。

③ ～させていただけませんか ～해도 될까요?

ここで終わらせていただけませんか。
明日は休ませていただけませんか。

단어

席(せき) 자리 | 座(すわ)る 앉다 | ご飯(はん) 밥 | 自己紹介(じこしょうかい) 자기소개 | 終(お)わる 끝나다 | 休(やす)む 쉬다

2 동사의 사역형

Ⅰ그룹 동사 (5단 동사)	あ단 + せる	行<ruby>い</ruby>く 가다 話<ruby>はな</ruby>す 이야기하다 待<ruby>ま</ruby>つ 기다리다 死ぬ 죽다 飛<ruby>と</ruby>ぶ 날다 読<ruby>よ</ruby>む 읽다 帰<ruby>かえ</ruby>る 돌아가다 cf. 会<ruby>あ</ruby>う 만나다	⇒ 行かせる 가게 하다 ⇒ 話させる 이야기하게 하다 ⇒ 待たせる 기다리게 하다 ⇒ 死なせる 죽게 하다 ⇒ 飛ばせる 날게 하다 ⇒ 読ませる 읽히다 ⇒ 帰らせる 돌아가게 하다 → 会わせる 만나게 하다
Ⅱ그룹 동사 (상하 1단 동사)	어간 + させる	起<ruby>お</ruby>きる 일어나다 見<ruby>み</ruby>る 보다 食<ruby>た</ruby>べる 먹다	⇒ 起きさせる 일어나게 하다 ⇒ 見させる 보게 하다 ⇒ 食べさせる 먹게 하다
Ⅲ그룹 동사 (불규칙 동사)		来<ruby>く</ruby>る 오다 する 하다	⇒ 来<ruby>こ</ruby>させる 오게 하다 ⇒ させる 하게 하다

LET'S TALK

Ⅰ 다음 보기와 같이 연습해 보세요.

> **보기**
> (先生 → 学生)「復習をしてください。」
> ⇒ 先生は学生に復習をさせます。

1 (先生 → 学生)　少しずつ漢字を覚えてください。

2 (先生 → 学生)　声に出して教科書を読んでください。

3 (先生 → 学生)　欠席の理由を説明してください。

4 (先生 → 学生)　質問に答えてください。

5 (先生 → 学生)　レポートを出してください。

단어

復習(ふくしゅう) 복습 | 少(すこ)しずつ 조금씩 | 声(こえ)に出(だ)す 소리내다 | 教科書(きょうかしょ) 교과서 | 質問(しつもん) 질문 | 欠席(けっせき) 결석 | 理由(りゆう) 이유 | 答(こた)える 대답하다 | レポートを出(だ)す 리포트를 제출하다

Ⅱ 다음 보기와 같이 연습해 보세요.

> **보기**
> ちょっと<u>用事があるので</u>、<u>授業を休ま</u>せていただけませんか。

1 熱がある / 病院に行く

2 自信がある / やる

3 急用ができた / 早く帰る

4 よく分からない部分がある / 質問する

5 初対面 / 自己紹介する

단어

用事(ようじ) 일, 용무 | 急用(きゅうよう) 급한 볼일 | 部分(ぶぶん) 부분 | 初対面(しょたいめん) 첫 대면

Exercise

다음 빈칸에 알맞은 말을 넣어 보세요.

❶ 웃기기도 하고 울리기도 합니다. (笑う / 泣く)

  _____。

❷ 일본어로 쓰게도 하고 말하게도 합니다. (書く / 話す)

  日本語で _____。

❸ 집에 일찍 돌아가게 해 주십시오. (帰る)

  家に _____。

❹ 여기서 일하게 해 주십시오. (働く)

  ここで _____。

❺ 오늘은 일찍 돌아가게 허락해 주시지 않겠습니까? (帰る)

  今日は _____。

 働(はたら)く 일하다 | 早(はや)く 일찍

쓰기연습

 한자 연습

答 대답할 답	음독 とう 훈독 答(こた)える ノ ⺮ ⺮ ⺮ ⺮ ⺮ 笁 竺 答 答 答
	答　答　答　答　答　答

調 고를 조	음독 ちょう 훈독 調(しら)べる 調(ととの)う 調(ととの)える 丶 ⺀ ⺀ 言 言 言 言 訂 訂 訂 調 調 調 調
	調　調　調　調　調　調

| かい とう
回答
회 답 | 回答　回答　回答　回答　回答　回答 |

| とう あん
答案
답 안 | 答案　答案　答案　答案　答案　答案 |

| ちょう し
調子
상 태 | 調子　調子　調子　調子　調子　調子 |

| ちょう さ
調査
조 사 | 調査　調査　調査　調査　調査　調査 |

 외래어 연습

プログラム　프로그램

| プログラム | プログラム | プログラム | プログラム |

ピアノ　피아노

| ピアノ | ピアノ | ピアノ | ピアノ |

FUN & TALK

만약 여러분에게 아이가 있다면 아이에게 무엇을 시키겠습니까?

～させます

すいえい
水泳
수영

けんどう
剣道
검도

たいそう
体操
체조

バレー
발레

ピアノ
피아노

チェロ
첼로

FUN & TALK

バイオリン
바이올린

留学(りゅうがく)
유학

本(ほん)をたくさん読(よ)ませる
책을 많이 읽게 하다

音楽(おんがく)を聞(き)かせる
음악을 듣게 하다

英語(えいご)で話(はな)させる
영어로 말하게 하다

旅行(りょこう)に行(い)かせる
여행을 하게 하다

LESSON 9

ご両親に叱られても仕方がないですね。

부모님께 야단맞아도 어쩔 수 없네요.

▶▶▶ 수동형 익히기

DIALOGUE

姜： ああ〜、昨日もまた両親から小言を言われました。

田中： どうしてですか。

姜： いつも帰りは遅いし、結婚相手もまだいないし。

田中： じゃ、ご両親に叱られても仕方がないですね。

姜： つめたいですね。田中さんに慰められたかったのに。彼女にもデートを断られて、本当に落ち込んでいるんですよ。

田中： そうだったんですか。まあ、彼女のことは最初からあまり期待していなかったんですけど。

姜： ああ〜、田中さんにも傷つけられるなんて。

강한척 : 아〜, 어제도 또 부모님한테 잔소리를 들었어요.
다나카 : 왜요?
강한척 : 항상 귀가는 늦고, 결혼할 사람도 아직 없고.
다나카 : 그럼, 부모님께 야단맞아도 어쩔 수 없네요.
강한척 : 냉정하네요. 다나카 씨에게 위로받고 싶었는데…….
　　　　 그녀에게도 데이트를 거절당해 정말 낙담해 있어요.
다나카 : 그랬어요? 뭐, 그녀의 일은 처음부터 별로 기대하지 않았는데.
강한척 : 아〜, 다나카 씨에게도 상처받다니.

両親(りょうしん) 부모님, 양친 | **小言**(こごと)**を言**(い)**う** 잔소리를 하다 | **帰**(かえ)**り** 귀가 | **相手**(あいて) 상대 | **叱**(しか)**る** 야단치다, 꾸짖다 | **仕方**(しかた)**がない** 어쩔 수 없다 | **つめたい** 냉정하다, 차갑다 | **慰**(なぐさ)**める** 위로하다 | **デート** 데이트 | **断**(ことわ)**る** 거절하다 | **落**(お)**ち込**(こ)**む** 낙담하다, 침울해지다 | **期待**(きたい) 기대 | **〜さえ** 〜조차 | **傷**(きず)**つける** 상처 입히다 | **〜なんて** 〜하다니

1 동사의 수동형

Ⅰ그룹 동사 (5단 동사)	う단→あ단＋れる	行う 행하다 行く 가다 出す 내다 立つ 서다 死ぬ 죽다 呼ぶ 부르다 踏む 밟다 取る 뺏다	⇒ 行われる 행해지다 ⇒ 行かれる 가지다 ⇒ 出される 나와지다 ⇒ 立たれる 서지다 ⇒ 死なれる 죽다 ⇒ 呼ばれる 불리다 ⇒ 踏まれる 밟히다 ⇒ 取られる 빼앗기다
Ⅱ그룹 동사 (상하 1단 동사)	어간＋られる	ほめる 칭찬하다 建てる 세우다	⇒ ほめられる 칭찬받다 ⇒ 建てられる 세워지다
Ⅲ그룹 동사 (불규칙 동사)	来られる される	紹介する 소개하다 招待する 초대하다 案内する 안내하다	⇒ 紹介される 소개받다 ⇒ 招待される 초대받다 ⇒ 案内される 안내받다

단어

呼(よ)ぶ 부르다 | 踏(ふ)む 밟다 | 取(と)る 잡다, 취하다 | ほめる 칭찬하다 | 建(た)てる 세우다 | 招待(しょうたい)する 초대하다

2. 수동형의 여러 가지 쓰임

1. 일반적인 수동형

❶ (사물·사건이) ~해지다

入学式(にゅうがくしき)は明日(あした)の午前(ごぜん)9時(じ)に行(おこな)われます。

この新聞(しんぶん)は韓国(かんこく)で一番(いちばん)多(おお)く読(よ)まれています。

❷ (사람으로부터) ~해 받다

先生(せんせい)にほめられました。

友達(ともだち)からパーティーに招待(しょうたい)されました。

❸ (사람이) ~을 당하다, ~하다

電車(でんしゃ)の中(なか)で足(あし)を踏(ふ)まれました。

犬(いぬ)に手(て)を咬(か)まれました。

2. 피해의 수동

急(きゅう)に雨(あめ)に降(ふ)られて困(こま)っています。

私(わたし)は友達(ともだち)に来(こ)られて仕事(しごと)ができませんでした。

まわりの人(ひと)に笑(わら)われて恥(は)ずかしかったです。

단어

入学式(にゅうがくしき) 입학식 | 行(おこな)う 행하다 | 新聞(しんぶん) 신문 | ほめる 칭찬하다 | 咬(か)む 물다 | 困(こま)る 곤란하다 | 恥(は)ずかしい 부끄럽다, 창피하다

LET'S TALK

Ⅰ 다음 보기와 같이 연습해 보세요.

> **보기**
> 外国に輸出しています。
> ⇒ 外国に輸出されています。

1 この製品は多くの人々が使っています。

2 このデザインはデパートでたくさん売っています。

3 このアパートは10年前に建てました。

4 有名な絵を展示しています。

5 この部品は日本から輸入しています。

단어

外国(がいこく) 외국 | **輸出**(ゆしゅつ)**する** 수출하다 | **デザイン** 디자인 | **製品**(せいひん) 제품 | **デパート** 백화점 | **アパート** 아파트 | **絵**(え) 그림 | **展示**(てんじ)**する** 전시하다 | **部品**(ぶひん) 부품 | **輸入**(ゆにゅう)**する** 수입하다

Ⅱ 다음 보기와 같이 연습해 보세요.

> **보기**
>
> A : どうしたんですか。元気がないですね。
> B : 朝から母に叱られたんです。

1　電車の中ですり / 財布をする

2　恋人 / ふる

3　両親 / 結婚を反対する

Ⅲ 다음 그림을 보면서 연습해 보세요.

> **보기**
>
> A : どうしたんですか。
> B : (雨が降る) → 雨に降られて風邪を引いてしまったんです。
> A : それは大変ですね。

1　一晩中赤ちゃんが泣いて疲れている

2　夜中間違い電話が起して寝られなかった

3　急に同僚が会社を辞めて困っている

단어

すり 소매치기 | 財布(さいふ)をする 지갑을 소매치기하다 | 反対(はんたい)する 반대하다 | 疲(つか)れる 지치다, 피곤하다 | 夜中(よなか) 한밤중 | 間違(まちが)い電話(でんわ) 잘못 걸린 전화 | 同僚(どうりょう) 동료 | 辞(や)める 그만두다 | 困(こま)る 곤란하다

Exercise

다음 빈칸에 알맞은 말을 넣어 보세요.

❶ 시험 중 휴대전화 이용은 금지되어 있습니다. (禁止する)

　　試験中 _____。

❷ 버스 안에서 소매치기에게 지갑을 소매치기 당했습니다. (財布をする)

　　バスの _____。

❸ 친구로부터 숙제를 부탁받았습니다. (宿題を頼む)

　　友達に _____。

❹ 나는 선생님께 주의받았습니다. (注意する)

　　私は _____。

❺ 그는 아내가 죽어서 슬퍼하고 있습니다. (妻 / 死ぬ / 悲しむ)

　　彼は _____。

 携帯電話(けいたいでんわ) 휴대전화 | 利用(りよう) 이용 | 禁止(きんし)する 금지하다 | すり 소매치기 | 注意(ちゅうい)する 주의하다 | 妻(つま) 아내, 처 | 悲(かな)しむ 슬퍼하다

쓰기연습

 한자 연습

立 설 립	음독 りつ　りっ　　훈독 立(た)つ　立(た)てる
	、 亠 ㇒ 立 立

| 立 | 立 | 立 | 立 | 立 | 立 |

建 세울 건	음독 けん　　훈독 建(た)てる　建(た)つ
	㇕ ㇕ ㇕ ヨ ㇌ 聿 律 建 建

| 建 | 建 | 建 | 建 | 建 | 建 |

독(どく) 립(りつ)
独立 독립

| 独立 | 独立 | 独立 | 独立 | 独立 | 独立 |

たち ば
立場 입장

| 立場 | 立場 | 立場 | 立場 | 立場 | 立場 |

けん せつ
建設 건설

| 建設 | 建設 | 建設 | 建設 | 建設 | 建設 |

たて もの
建物 건물

| 建物 | 建物 | 建物 | 建物 | 建物 | 建物 |

 외래어 연습

アパート 아파트

| アパート | アパート | アパート | アパート |

エスカレーター 에스컬레이터

| エスカレーター | エスカレーター | エスカレーター | エスカレーター |

FUN & TALK

머피의 법칙처럼 나쁜 일은 꼬리에 꼬리를 물고 일어나는 날이 간혹 있습니다. 여러분은 그런 날 무슨 일을 겪었나요?

間違い電話で起される
잘못 걸려온 전화에 잠을 깨다

朝から小言を言われる
아침부터 잔소리를 듣다

電車の中ですられる
전철 안에서 소매치기를 당하다

FUN & TALK

エレベーターで足を踏まれる
엘리베이터에서 발을 밟히다

遅れて上司に叱られる
지각해서 상사에게 야단맞다

雨に降られる
비를 맞다

雨に降られて犬にかまれる
비 맞고 오다 개에게 물리다

みじめな姿を好きな人に見られる
비참한 모습을 좋아하는 그녀에게 보이다

103

LESSON 10

▶▶▶ 사역 수동형 익히기

部長に残業を押しつけられてしまいました。
ぶちょう ざんぎょう お

부장님이 잔업을 떠맡겨 버렸습니다.

DIALOGUE

姜: ああ〜、頭に来る。今日も早く帰れないな。

山田: どうしたんですか。姜さん。

姜: 部長に残業を押しつけられてしまいました。自分の仕事も山のようにあるのに…。

山田: お気の毒に…。

姜: 今回だけじゃないですよ。ファックスを送らせられたり、コピーをさせられたり。いつもいろいろなおつかいをさせられてばかりですよ。

山田: それはちょっとひどいですね。

姜: そうですよ。この前もカラオケで踊らせられて。

山田: あれ、それは姜さんが自ら進んでしたんじゃないですか。

姜: そ、それは…、みんなのためのサービス…。

강한척: 아〜, 열 받아. 오늘도 일찍 못 가는구나.
야마다: 왜 그래요? 한척 씨.
강한척: 부장님이 잔업을 떠맡겨 버렸거든요.
제 일도 산더미 같은데.
야마다: 안됐네요.
강한척: 이번만이 아니에요.
팩스를 보내게 하거나 복사를 시키거나. 항상 여러 가지 심부름만 시켜요.
야마다: 그건 좀 심하네요.
강한척: 그래요. 요전에도 노래방에서 춤을 추게 해서.
야마다: 어? 그건 한척 씨가 자진해서 나간 것 아니에요?
강한척: 그, 그건……, 모두를 위한 서비스…….

頭(あたま)に来(く)る 화가 나다 | 残業(ざんぎょう) 잔업 | 押(お)しつける 억지로 떠맡기다 | 仕事(しごと) 일 | 〜のに 〜인데 | お気(き)の毒(どく)だ 가엾다 | 今回(こんかい) 이번 | ファックス 팩스 | 送(おく)る 보내다 | おつかい 심부름 | 〜てばかりだ 〜하고 있다 | ひどい 심하다 | カラオケ 노래방 | 踊(おど)る 춤추다 | 自(みずか)ら 스스로, 자신 | 進(すす)む 나아가다 | サービス 서비스

105

1 〜させられる (사역 수동)
〜로부터 시킴을 당하다, (명령·지시 등을 받아) 어쩔 수 없이 〜하다

Ⅰ그룹 동사 (5단 동사)	あ단 + せられる	歌を歌う ⇒ 歌を歌わせられる 踊りを踊る ⇒ 踊りを踊らせられる
Ⅱ그룹 동사 (상하 1단동사)	어간 + させられる	食べる ⇒ 食べさせられる 起きる ⇒ 起きさせられる
Ⅲ그룹 동사 (불규칙 동사)	来られる される	来る ⇒ 来させられる する ⇒ させられる

先生に大きい声で本を読ませられました。
部長にみんなの前で歌を歌わせられました。
母に家の掃除を一人でさせられました。

단어

みんな 모두 | 掃除(そうじ) 청소

2 ～ばかり ～만

1. 명사 + ～ばかり + ～ている　～만 ～하고 있다

お酒ばかり飲んでいます。

テレビばかり見ています。

ゲームばかりしています。

2. 명사 + ～てばかりいる　～하고만 있다

遊んでばかりいます。

叱られてばかりいます。

いやな仕事をさせられてばかりいます。

cf. この部分だけ覚えたらいいです。

必要なものだけ持って行きます。

古いものだけ捨てました。

단어

叱(しか)る 혼내다, 야단치다 | 必要(ひつよう) 필요 | 捨(す)てる 버리다

LET'S TALK

I 다음 보기와 같이 연습해 보세요.

> **보기**
> 先生 / 学生 / 掃除をする。
> ⇒ 先生は学生に掃除をさせました。
> ⇒ 学生は先生に掃除をさせられました。

1 医者 / 金さん / タバコを止める

2 先輩 / 後輩 / お酒を飲む

3 先生 / 学生 / レポートを書く

4 部長 / 金さん / かばんを持つ

5 社長 / 秘書 / コーヒーを入れる

단어

タバコ 담배 | 秘書(ひしょ) 비서 | コーヒーを入(い)れる 커피를 타다

와라와라

Ⅱ 다음 보기와 같이 연습해 보세요.

보기

A : 何かいやなことをさせられましたか。
B : はい、部長に残業をさせられました。

1　社長 / 1時間も待つ
2　家内 / 家の掃除をする
3　子供 / 宿題を手伝う

Ⅲ 다음 보기와 같이 연습해 보세요.

보기

兄はいつもゲームをします。
⇒ 兄はゲームばかりします。

1　弟 / テレビを見る
2　彼 / 音楽を聞く
3　彼 / マンガを読む
4　彼女 / ショッピングをする

단어

社長(しゃちょう) 사장 | 家内(かない) 아내 | 手伝(てつだ)う 돕다 | マンガを読(よ)む 만화를 읽다 | ショッピングをする 쇼핑을 하다

Exercise

다음 빈칸에 알맞은 말을 넣어 보세요.

❶ 아이는 엄마 때문에 약을 먹어야 했습니다. (薬を飲む)
   子供は _____。

❷ 선생님의 짐을 들어야 했습니다. (荷物を持つ)
   先生に _____。

❸ 친구 때문에 거짓말을 해야 했습니다. (うそをつく)
   友達に _____。

❹ 주말엔 집에서 빈둥거리기만 합니다. (ごろごろする)
   週末には _____。

❺ 그녀는 울기만 하였습니다. (泣く)
   彼女は _____。

薬(くすり)を飲(の)む 약을 먹다 | 荷物(にもつ)を持(も)つ 짐을 들다 | うそをつく 거짓말을 하다 | ごろごろする 빈둥거리다 | 泣(な)く 울다

쓰기연습

 한자 연습

進 나아갈 진
- 음독 しん
- 훈독 進(すす)む　進(すす)める
- 丿 亻 彳 彳 彳 隹 隹 隹 進

進　進　進　進　進　進

送 보낼 송
- 음독 そう
- 훈독 送(おく)る
- 丶 䒑 䒑 关 关 送

送　送　送　送　送　送

進行 しん こう 진 행

進行　進行　進行　進行　進行　進行

進歩 しん ぽ 진 보

進歩　進歩　進歩　進歩　進歩　進歩

送金 そう きん 송 금

送金　送金　送金　送金　送金　送金

放送 ほう そう 방 송

放送　放送　放送　放送　放送　放送

 외래어 연습

ゲーム 게임

| ゲーム | ゲーム | ゲーム | ゲーム |

テレビ 텔레비전

| テレビ | テレビ | テレビ | テレビ |

FUN & TALK

오~, 제발 이것만은 시키지 말아요! 여러분이 가장 하기 싫은 일은 무엇인지 사역의 수동형을 사용하여 이야기해 보세요.

夜遅くまで残業させられる
밤늦게까지 야근하게 되다

掃除をさせられる
청소를 하게 되다

お金を払わせられる
돈을 내게 되다

顧客の不満を聞かせられる
고객의 불평을 듣게 되다

FUN & TALK

上司のお使いをさせられる
상사의 심부름을 하게 되다

人の前で歌わせられる
사람들 앞에서 노래하게 되다

勉強させられる
하기 싫은데 공부를 하게 되다

上司にコーヒーを入れさせられる
상사가 커피를 타 오라고 하다

LESSON 11

▶▶▶ 경어 표현 익히기

今回(こんかい)の書類(しょるい)をファックスでお送(おく)り致(いた)しました。

이번 서류를 팩스로 보냈습니다.

DIALOGUE

田中： どうしたんですか。姜さん。
　　　 何をそんなに一生懸命覚えているんですか。
姜： 　ハハ、実は敬語の練習をしているんです。
　　　 今日東京物産の部長に電話をしなければならないので。
田中： そうですか。日本語の敬語は本当に難しいですからね。

(전화로)

姜： 　もしもし。国際商事の姜と申します。
　　　 いつもお世話になっております。今回の書類を
　　　 ファックスでお送り致しましたので、ご確認ください。
　　　 後程お伺い致します。
田中： わあ～、本当に敬語がお上手ですね。
　　　 普段の姜さんのイメージとはまったく違いますよ。
姜： 　ああ～、ほめているのかいないのか。

다나카 : 무슨 일이에요? 한척 씨.
　　　　 뭘 그렇게 열심히 외우고 있어요?
강한척 : 하하, 실은 경어 연습을 하고 있습니다.
　　　　 오늘 도쿄물산의 부장님께 전화를 해야 하거든요.
다나카 : 그래요? 일본어의 경어는 정말 어려우니까요.
강한척 : 여보세요. 국제상사의 강한척이라고 합니다. 항상 신세지고 있습니다.
　　　　 이번 서류를 팩스로 보냈으니 확인해 주십시오.
　　　　 나중에 찾아 뵙겠습니다.
다나카 : 와~, 정말 경어를 잘하시네요. 평소의 한척 씨 이미지와는 전혀 다른데요.
강한척 : 칭찬을 하는 건지 아닌 건지.

단어
一生懸命(いっしょうけんめい) 열심히 | 覚(おぼ)える 외우다, 익히다 | 実(じつ)は 실은 | 敬語(けいご) 경어 | 練習(れんしゅう) 연습 | 物産(ぶっさん) 물산 | 部長(ぶちょう) 부장 | 商事(しょうじ) 상사 | ～と申(もう)す ~라고 하다(言う의 겸양어) | お世話(せわ)になる 신세지다 | おる 있다(いる의 겸양어) | 今回(こんかい) 이번에 | 書類(しょるい) 서류 | ファックス 팩스 | 送(おく)る 보내다 | 致(いた)す する의 겸양어 | 確認(かくにん) 확인 | 後程(のちほど) 잠시 후 | 伺(うかが)う 뵙다 | 普段(ふだん) 평소, 보통 | イメージ 이미지 | まったく 전혀 | ほめる 칭찬하다 | ～のか ~것인가

115

GRAMMAR

1 경어(敬語) 표현

1. 존경어 : ～하시다

① お/ご+ます형+になる

座る ⇒ お座りになる 앉으시다   帰る ⇒ お帰りになる 돌아가시다

おじいさんはあちらで新聞をお読みになっています。
先生はもうお帰りになりました。

② ～られる (수동형 활용과 동일)

座る ⇒ 座られる 앉으시다   帰る ⇒ 帰られる 돌아가시다

先生はいつ帰られましたか。
これは山田さんが書かれました。

2. 특수 존경어

行く ⇒	いらっしゃる 가시다		見る ⇒	ご覧になる 보시다
いる ⇒	いらっしゃる 계시다		言う ⇒	おっしゃる 말씀하시다
来る ⇒	いらっしゃる 오시다		する ⇒	なさる 하시다
くれる ⇒	くださる 주시다		食べる ⇒	召し上がる 드시다

先生は何とおっしゃいましたか。
お客様はいらっしゃいましたか。

단어

お客様(きゃくさま) 손님

3. 당부 표현

❶ お/ご+ます형+〜になってください 〜해 주십시오, 〜하십시오

| 待<ruby>つ</ruby> | ⇒ | お待ちになってください。 기다려 주십시오. |
| 入<ruby>る</ruby> | ⇒ | お入りになってください。 들어오십시오. |

こちらでお待ちになってください。

中の方へお入りになってください。

❷ お/ご+ます형+〜ください 〜해 주세요, 〜하세요

| 待つ | ⇒ | お待ちください。 기다려 주세요. |
| 入る | ⇒ | お入りください。 들어오세요. |

まもなくショーが始まりますから、どうぞお楽しみください。

どうぞよろしくお伝えください。

단어

まもなく 곧, 이윽고 | ショー 쇼 | 楽(たの)しむ 즐기다 | 伝(つた)える 전하다

4. 겸양어

① お/ご+ます형+する / 致^{いた}す

書^かく	⇒	お書^かきする / お書^かき致^{いた}す 쓰다
待^まつ	⇒	お待^まちする / お待^まち致^{いた}す 기다리다

明日^{あした}までにお送^{おく}りします。(お送^{おく}り致^{いた}します)

どうぞよろしくお願^{ねが}いします。(お願^{ねが}い致^{いた}します)

② 특수 겸양어

行^いく / 来^くる	⇒	参^{まい}る 가다, 오다
いる	⇒	おる 있다
言^いう	⇒	申^{もう}す 말씀드리다
見^みる	⇒	拝見^{はいけん}する 보다, 뵙다
食^たべる / もらう	⇒	いただく 먹다, 받다
する	⇒	致^{いた}す 하다

私^{わたし}は金^{キム}と申^{もう}します。

書類^{しょるい}を拝見^{はいけん}しました。

단어

送(おく)る 보내다 | 願(ねが)う 원하다, 부탁하다 | 書類(しょるい) 서류

LET'S TALK

Ⅰ 다음과 같이 경어를 말해 보세요.

> **보기**
> 先生(せんせい)は何(なに)を飲(の)みますか。
> ⇒ 先生(せんせい)は何(なに)をお飲(の)みになりますか。

1 何時(なんじ)に帰(かえ)りますか。

2 何(なに)を食(た)べますか。

3 何(なに)を読(よ)みますか。

4 いつ家(いえ)にいますか。

5 ニュースを聞(き)きましたか。

단어

ニュースを聞(き)く 뉴스를 듣다

LET'S TALK

Ⅱ 다음 보기와 같이 연습해 보세요.

보기
よい週末を送ってください。
⇒ よい週末をお送りください。

1 ここに座ってください。

2 これを使ってください。

3 こっちを見てください。

4 お茶を飲んでください。

5 説明してください。

단어

送(おく)る 보내다 | お茶(ちゃ)を飲(の)む 차를 마시다 | 説明(せつめい)する 설명하다

Ⅲ 다음 보기와 같이 연습해 보세요.

> **보기**
> ここで待ちます。
> ⇒ こちらでお待ちします。/ お待ち致します。

1　ペンを貸します。

2　荷物を持ちます。

3　タクシーを呼びます。

4　日程を知らせます。

5　書類を送ります。

단어

貸(か)す 빌려주다 | 荷物(にもつ) 짐 | タクシーを呼(よ)ぶ 택시를 부르다 | 日程(にってい) 일정 | 知(し)らせる 알리다 | 書類(しょるい) 서류

Exercise

다음 빈칸에 알맞은 말을 넣어 보세요.

❶ 선생님은 책을 읽고 계십니다. (読む)
   先生は _____。

❷ 저 영화를 보셨습니까? (ご覧になる)
   あの映画 _____。

❸ 여기에 성함을 써 주십시오. (書く)
   ここに _____。

❹ 역 앞에서 기다리고 있겠습니다. (待つ)
   駅の _____。

❺ 오늘 서류를 보았습니다. (拝見する)
   今日 _____。

단어 お名前(なまえ) 성함, 이름 | 書類(しょるい) 서류

쓰기연습

 한자 연습

帰 돌아갈 귀
- 음독 き　훈독 帰(かえ)る
- 丿 丿 刂 刂 刂 刂 㠯 帰 帰 帰
- 帰　帰　帰　帰　帰　帰

呼 부를 호
- 음독 こ　훈독 呼(よ)ぶ
- 丨 口 口 口' 口レ 呼 呼 呼
- 呼　呼　呼　呼　呼　呼

帰国 き こく / 귀 국
- 帰国　帰国　帰国　帰国　帰国　帰国

帰宅 き たく / 귀 가
- 帰宅　帰宅　帰宅　帰宅　帰宅　帰宅

呼吸 こ きゅう / 호 흡
- 呼吸　呼吸　呼吸　呼吸　呼吸　呼吸

呼応 こ おう / 호 응
- 呼応　呼応　呼応　呼応　呼応　呼応

 외래어 연습

イメージ 이미지
- イメージ　イメージ　イメージ　イメージ

ショー 쇼
- ショー　ショー　ショー　ショー

FUN & TALK

다음과 같이 경어를 사용해서 전화 통화를 해 보세요.

A はい。東京商事でございます。

B あの、山本商事の金と申しますが、
営業部の田中さんいらっしゃいますか。

A 申し訳ありませんが、田中はただいま外出中です。

B そうですか。じゃ、いつお戻りになりますか。

A たぶん３時ごろ戻ると思いますが。

B そうですか。では、田中さんにまたお電話いたします。

A はい、かしこまりました。

やまもとしょうじ　キム
山本商事の金

ぶっさん　バク
KOREA物産の朴

すみともぎんこう　イ
住友銀行の李

とうきょうぶっさん　えいぎょうぶ　たなか
東京物産／営業部の田中さん／
がいしゅつちゅう　じ　もど
外出中／3時ごろ戻る

さんわしょうじ　じんじぶ　なかむら
三和商事／人事部の中村さん／
かいぎちゅう　じ　お
会議中／4時ごろ終わる

とうようしょうじ　そうむぶ　みき
東洋商事／総務部の三木さん／
しゅっちょうちゅう　らいしゅう　すいようび　もど
出張中／来週の水曜日に戻る

정답

LESSON 1 山田さんはいつまで韓国にいる予定ですか。

LET'S TALK

I

1. A: 今週末何をするつもりですか。
   이번 주말, 무엇을 할 생각입니까?
   B: そうですね。家で休むつもりです。
   글쎄요. 집에서 쉴 생각입니다.

2. A: 連休何をするつもりですか。
   연휴에 무엇을 할 생각입니까?
   B: そうですね。旅行に行くつもりです。
   글쎄요. 여행을 갈 생각입니다.

3. A: 夏休み何をするつもりですか。
   여름방학에 무엇을 할 생각입니까?
   B: そうですね。アルバイトをするつもりです。
   글쎄요. 아르바이트를 할 생각입니다.

4. A: 授業が終わってから何をするつもりですか。
   수업이 끝나고 나서 무엇을 할 생각입니까?
   B: そうですね。お茶を飲みに行くつもりです。
   글쎄요. 차를 마시러 갈 생각입니다.

5. A: 大学を卒業してから何をするつもりですか。
   대학을 졸업하고 나서 무엇을 할 생각입니까?
   B: そうですね。大学院に進学するつもりです。
   글쎄요. 대학원에 진학할 생각입니다.

II

1. A: いつ結婚するつもりですか。
   언제 결혼할 생각입니까?
   B: 来年結婚しようと思っています。
   내년에 결혼하려고 생각하고 있습니다.

2. A: いつ留学に行くつもりですか。
   언제 유학 갈 생각입니까?
   B: 再来年留学に行こうと思っています。
   내후년에 유학 가려고 생각하고 있습니다.

3. A: いつ試験を受けるつもりですか。
   언제 시험을 칠 생각입니까?
   B: 今年試験を受けようと思っています。
   올해 시험을 치르고 생각하고 있습니다.

4. A: いつ引越すつもりですか。
   언제 이사할 생각입니까?
   B: 再来月引越そうと思っています。
   다다음달에 이사하려고 생각하고 있습니다.

III

1. A: 何のために日本語を勉強しているんですか。
   무엇 때문에 일본어를 공부하고 있습니까?
   B: 日本へ旅行に行くために日本語を勉強しています。
   일본에 여행가기 위해 일본어를 공부하고 있습니다.

2. A: 何のために日本語を勉強しているんですか。
   B: ネイティブと日本語で話すために日本語を勉強しています。
   네이티브와 일본어로 말하기 위해 일본어를 공부하고 있습니다.

3. A: 何のために日本語を勉強しているんですか。
   B: 日本へ留学に行くために日本語を勉強しています。
   일본에 유학 가기 위해 일본어를 공부하고 있습니다.

4. A: 何のために日本語を勉強しているんですか。
   B: 就職のために日本語を勉強しています。
   취직하기 위해 일본어를 공부하고 있습니다.

EXERCISE

1. 日本へ留学に行くつもりです。
2. 旅行するためにアルバイトをするつもりです。

3. 彼女とは二度と会わないつもりです。
4. 来週日本へ出張に行く予定です。
5. 来月から運動を始めようと思っています。

LESSON 2 今にも雨が降り出しそうですね。

LET'S TALK

I

1. A: Bさん、知っていますか。 B씨, 알고 있습니까?
   B: え、何ですか。 예? 뭐죠?
   A: 天気予報によると明日は雨だそうです。
   일기예보에 따르면 내일은 비가 온다고 합니다.

2. A: Bさん、知っていますか。
   B: え、何ですか。
   A: 新聞によると物価が上がるそうです。
   신문에 따르면 물가가 오른다고 합니다.

3. A: Bさん、知っていますか。
   B: え、何ですか。
   A: 雑誌によると今年はこのファッションが流行るそうです。
   잡지에 따르면 올해는 이 패션이 유행한다고 합니다.

4. A: Bさん、知っていますか。
   B: え、何ですか。
   A: ニュースによると来年も不景気が続くそうです。
   뉴스에 따르면 내년에도 불경기가 계속된다고 합니다.

5. A: Bさん、知っていますか。
   B: え、何ですか。
   A: 姜さんの話によると学生時代とても人気があったそうです。
   강 씨의 이야기에 따르면 학창시절 매우 인기가 있었다고 합니다.

II

1. シャツのボタンが取れそうですよ。
   셔츠 단추가 떨어질 것 같아요.
2. キムチが本当に辛そうですよ。
   김치가 정말 매울 것 같아요.
3. 家が倒れそうですよ。
   집이 무너질 것 같아요.
4. ケーキがおいしそうですよ。
   케이크가 맛있을 것 같아요.
5. くつがはきやすそうですよ。
   구두가 신기 편할 것 같아요.

EXERCISE

1. 天気予報によると、今年の冬は暖かいそうです。
2. 先生の説明は本当にわかりやすいそうです。
3. 彼女は高そうなアクセサリーをしています。
4. なるべく日本語で話すようにしてください。
5. パスポートを忘れないように注意してください。

LESSON 3 山田さんはたぶん長生きするでしょう。

LET'S TALK

I

1. A: 姜さんが遅いですね。 강 씨가 늦는군요.
   B: そうですね。残業があるかもしれません。
   그렇군요. 야근이 있는지도 모르겠습니다.

2. A: 山田さんがうれしそうですね。
   야마다 씨가 즐거워하는 것 같아요.
   B: そうですね。デートがあるかもしれません。
   그렇군요. 데이트가 있는지도 모르겠습니다.

3. A: 田中さんが寂しそうですね。
   다나카 씨가 외로워하는 것 같아요.
   B: そうですね。失恋したかもしれません。
   그렇군요. 실연했는지도 모르겠습니다.

4. A: ナさんが悲しそうですね。
   나 씨가 슬퍼하는 것 같아요.
   B: そうですね。試験に落ちたかもしれません。
   그렇군요. 시험에 떨어졌는지도 모르겠습니다.

II

1. A: 先生はどんな料理が好きでしょうか。
   선생님은 어떤 요리를 좋아하나요?
   B: そうですね。たぶん日本料理が好きでしょう。 글쎄요. 아마 일본요리를 좋아할 거예요.

2. A: 中村さんはパーティーに来るでしょうか。
   나카무라 씨는 파티에 올까요?
   B: そうですね。たぶん来ないでしょう。
   글쎄요. 아마 오지 않을 거예요.

3. A: 今年の試験は難しいでしょうか。
   올해 시험은 어려울까요?
   B: そうですね。たぶんかなり難しいでしょう。
   글쎄요. 아마 꽤 어려울 거예요.

4. A: 今頃日本に着いたでしょうか。
   지금쯤 일본에 도착했을까요?
   B: そうですね。たぶんもう着いたでしょう。
   글쎄요. 아마 이미 도착했을 거예요.

5. A: あの人は誰でしょうか。 저 사람은 누구죠?
   B: そうですね。たぶん姜さんの友達でしょう。
   글쎄요. 아마 강 씨 친구일 거예요.

III

1. A: 彼女は今年就職するでしょう。
   그녀는 올해 취직할 거예요.
   B: いいえ、彼女が今年就職するはずがないです。 아니요, 그녀는 올해 취직할 리가 없습니다.

2. A: 山田さんはナさんと結婚するでしょう。
   야마다 씨는 나 씨와 결혼하겠죠?
   B: いいえ、山田さんがナさんと結婚するはずがないです。
   아니요, 야마다 씨가 나 씨와 결혼할 리가 없습니다.

3. A: 今山田さんはお酒を飲んでいるでしょう。
   지금 야마다 씨는 술을 마시고 있겠지요?
   B: いいえ、山田さんがお酒を飲んでいるはずがないです。
   아니요, 야마다 씨가 술을 마시고 있을 리가 없습니다.

4. A: 金さんは来年会社を辞めるでしょう。
   김 씨는 내년에 회사를 그만두겠죠?
   B: いいえ、金さんが来年会社を辞めるはずがないです。
   아니요, 김 씨가 내년에 회사를 그만둘 리가 없습니다.

5. A: あの映画はおもしろいでしょう。
   저 영화는 재미있겠죠?
   B: いいえ、あの映画がおもしろいはずがないです。 아니요, 저 영화가 재미있을 리가 없습니다.

EXERCISE

1. 先生は大変喜ぶでしょう。
2. 今頃友達とお酒を飲んでいるでしょう。
3. 明日は休みだから、暇でしょう。
4. 会議に少し遅れるかもしれません。
5. 彼女が知らないはずがないです。

LESSON 4　何メートルぐらい泳げますか。

LET'S TALK

I

1. いつでも海外へ行くことができます。
   언제라도 해외에 갈 수 있습니다.
   ⇒ いつでも海外へ行けます。

2. 郵便局で特産物を買うことができます。
   우체국에서 특산물을 살 수 있습니다.
   ⇒ 郵便局で特産物が買えます。

3. コンビニで小包を送ることができます。
   편의점에서 소포를 보낼 수 있습니다.
   ⇒ コンビニで小包が送れます。

4. この漢字は難しくて読むことができません。
   이 한자는 어려워서 읽을 수 없습니다.
   ⇒ この漢字は難しくて読めません。

5. サイズが小さくて着ることができません。
   사이즈가 작아 입을 수 없습니다.
   ⇒ サイズが小さくて着られません。

II

1. A: ギターが弾けますか。기타를 칠 수 있습니까?
   B: はい、弾けます。예, 칠 수 있습니다.

2. A: 自転車に乗れますか。자전거를 탈 수 있습니까?
   B: はい、乗れます。예, 탈 수 있습니다.

3. A: 日本語で説明できますか。
   일본어로 설명할 수 있습니까?
   B: いいえ、できません。아니요, 못합니다.

III

1. 10分前、授業が始まりました。
   10분 전에 수업이 시작되었습니다.
   ⇒ 10分前、授業が始まったばかりです。
   10분 전에 수업이 막 시작되었습니다.

2. 今朝からジョギングを始めました。
   오늘 아침부터 조깅을 시작했습니다.
   ⇒ 今朝からジョギングを始めたばかりです。
   오늘 아침부터 조깅을 막 시작했습니다.

3. 昨日、店をオープンしました。
   어제 가게를 오픈하였습니다.
   ⇒ 昨日、店をオープンしたばかりです。
   어제 막 가게를 오픈하였습니다.

4. 一週間前就職しました。
   일주일 전에 취직하였습니다.
   ⇒ 一週間前就職したばかりです。
   일주일 전에 막 취직하였습니다.

5. 先月開業しました。지난 달 개업하였습니다.
   ⇒ 先月開業したばかりです。지난 달 막 개업하였습니다.

EXERCISE

1. ケータイで送金できます。
2. ここには駐車できません。
3. 内容が難しくて全部覚えられません。
4. この前買ったばかりのカメラです。
5. 日本語の勉強を始めたばかりで、まだ下手です。

LESSON 5 　新入社員の中にすごい人がいるらしいですよ。

LET'S TALK

I

1. A: 彼、とてもうれしそうですね。
   그 남자 굉장히 즐거워 보이네요.
   B: 明日から一週間海外旅行に行くらしいです。
   내일부터 일주일간 해외여행을 가는 듯 합니다.

2. A: 彼女、とてもうれしそうですね。
   그 여자 굉장히 즐거워 보이네요.
   B: 試験に受かったらしいです。
   시험에 합격한 듯 합니다.

3. A: あの店はいつも混んでいますね。
   저 가게는 항상 붐비네요.
   B: 料理がとてもおいしいらしいです。
   요리가 매우 맛있는 것 같습니다.

4. A: 彼、元気ないですね。 그 사람 기운이 없어 보여요.
   B: 両親のことが心配らしいです。
   부모님이 걱정되는 듯 합니다.

5. A: あの人は誰ですか。 저 사람은 누구입니까?
   B: 金さんの恋人らしいです。
   김 씨의 애인인 것 같습니다.

II

1. A: 具合いはどうですか。 몸은 어떻습니까?
   B: そうですね。ちょっと熱があるようです。
   글쎄요. 열이 좀 있는 것 같습니다.

2. A: 味はどうですか。 맛은 어떻습니까?
   B: そうですね。ちょっと辛いようです。
   글쎄요. 조금 매운 것 같습니다.

3. A: この服はどうですか。 이 옷은 어떻습니까?
   B: そうですね。ちょっと派手なようです。
   글쎄요. 조금 화려한 듯 합니다.

4. A: あの人は誰ですか。 저 사람은 누구입니까?
   B: そうですね。大学時代の友だちのようです。
   글쎄요. 대학시절 친구인 듯 합니다.

III

1. わあ～、まるで雪のように肌が白いですね。
   와~, 마치 눈처럼 피부가 하얗군요.

2. わあ～、まるで歌手のように歌が上手ですね。
   와~, 마치 가수처럼 노래를 잘 부르네요.

3. わあ～、まるで砂糖のように甘いですね。
   와~, 꼭 설탕처럼 달군요.

4. わあ～、まるで俳優のようにハンサムですね。
   와~, 마치 배우처럼 잘생겼네요.

5. わあ～、まるで人形のようにかわいいですね。
   와~, 꼭 인형처럼 귀엽네요.

EXERCISE

1. この頃日本で韓国のドラマが人気があるらしいです。
2. この歌は日本でも有名らしいです。
3. このキムチがもっと辛いようです。
4. 彼女はまるでモデルのようにきれいです。
5. まるでおもちゃのようなカメラです。

LESSON 6　いろいろなおすしが回っていますね。

LET'S TALK

I

1. ノートに名前を書きました。노트에 이름을 썼습니다.
   ⇒ ノートに名前が書いてあります。
   노트에 이름이 적혀 있습니다.

2. コーヒーに砂糖を入れました。
   커피에 설탕을 넣었습니다.
   ⇒ コーヒーに砂糖が入れてあります。
   커피에 설탕이 들어 있습니다.

3. ドアにカギをかけました。문에 열쇠를 채웠습니다.
   ⇒ ドアにカギがかけてあります。
   문에 열쇠가 채워져 있습니다.

4. レストランの予約をしました。레스토랑을 예약했습니다.
   ⇒ レストランの予約がしてあります。
   레스토랑이 예약되어 있습니다.

5. 窓を開けました。창문을 열었습니다.
   ⇒ 窓が開けてあります。창문이 열려 있습니다.

II

1. A: 電気はついていますか。불은 켜져 있습니까?
   B: はい、電気はつけてあります。
   예, 불은 켜져 있습니다.

2. A: 窓は閉まっていますか。창문은 닫혀 있습니까?
   B: はい、窓は閉めてあります。
   예, 창문은 닫혀 있습니다.

3. A: 絵はかかっていますか。그림은 걸려 있습니까?
   B: はい、絵はかけてあります。
   예, 그림은 걸려 있습니다.

4. A: テレビは消えていますか。
   텔레비전은 꺼져 있습니까?
   B: はい、テレビは消してあります。
   텔레비전은 꺼져 있습니다.

5. A: 机の上に本は出ていますか。
   책상 위에 책은 나와 있습니까?
   B: はい、本は出してあります。
   예, 책은 나와 있습니다.

EXERCISE

1. 着物を一度着てみたいです。
2. 家の前に車が止めてあります。
3. きれいに掃除してあります。
4. 机の上に手紙が置いてあります。
5. 今音楽を聞いているところです。

LESSON 7　お母様にさしあげる誕生日プレゼントですか。

LET'S TALK

I

1. **A**: 誕生日のプレゼントに誰から何をもらいましたか。
   생일 선물로 누구에게 무엇을 받았습니까?
   B: 私は父に時計をもらいました。
   저는 아버지에게 시계를 받았습니다.

2. **A**: 誕生日のプレゼントに誰から何をもらいましたか。
   B: 私は母にかばんをもらいました。
   저는 어머니에게 가방을 받았습니다.

3. **A**: 誕生日のプレゼントに誰から何をもらいましたか。
   B: 私は恋人に指輪をもらいました。
   저는 애인에게 반지를 받았습니다.

4. **A**: 誕生日のプレゼントに誰から何をもらいましたか。
   B: 私は親友に化粧品をもらいました。
   저는 친한 친구에게 화장품을 받았습니다.

5. **A**: 誕生日のプレゼントに誰から何をもらいましたか。
   B: 私は先生に辞書をもらいました。
   저는 선생님에게 사전을 받았습니다.

II

1. 中村さんは山田さんに何をもらいましたか。
   나카무라 씨는 야마다 씨로부터 무엇을 받았습니까?
   ⇒ 中村さんは山田さんにハンカチをもらいました。
   나카무라 씨는 야마다 씨로부터 손수건을 받았습니다.

2. 山田さんは金さんに何をもらいましたか。
   야마다 씨는 김 씨로부터 무엇을 받았습니까?
   ⇒ 山田さんは金さんに財布をもらいました。
   야마다 씨는 김 씨로부터 지갑을 받았습니다.

3. 山田さんは金さんに何をあげましたか。
   야마다 씨는 김 씨에게 무엇을 주었습니까?
   ⇒ 山田さんは金さんに商品券をあげました。
   야마다 씨는 김 씨에게 상품권을 주었습니다.

4. 金さんは中村さんに何をあげましたか。
   김 씨는 나카무라 씨에게 무엇을 주었습니까?
   ⇒ 金さんは中村さんにデジカメをあげました。
   김 씨는 나카무라 씨에게 디지털카메라를 주었습니다.

III

1. 先生は妹さんに何をしてくださいましたか。
   선생님은 여동생에게 무엇을 해 주셨습니까?
   ⇒ 先生は妹に本を買ってくださいました。
   선생님은 여동생에게 책을 사 주셨습니다.

2. あなたは先生に何をしていただきましたか。
   선생님은 당신에게 무엇을 해 주셨습니까?
   ⇒ 私は先生に日本語を教えていただきました。
   선생님은 저에게 일본어를 가르쳐 주셨습니다.

3. あなたはお兄さんに何をしてあげましたか。
   당신은 형에게 무엇을 해 주었습니까?
   ⇒ 私は兄に料理を作ってあげました。
   저는 형에게 요리를 만들어 주었습니다.

4. あなたは妹さんに何をしてあげましたか。
   당신은 여동생에게 무엇을 해 주었습니까?
   ⇒ 私は妹に宿題を手伝ってやりました。
   저는 여동생의 숙제를 도와주었습니다.

EXERCISE

1. 友達に誕生日プレゼントをもらいました。
2. 弟に日本の歌を教えてやりました。
3. 友達のレポートを書いてあげました。
4. 山田さんに友達を紹介してもらいました。
5. 先生は日本語の辞書を選んでくださいました。

LESSON 8　普通どんな教育を受けさせますか。

LET'S TALK

I

1. 少しずつ漢字を覚えてください。
   조금씩 한자를 외워 주세요.
   ⇒ 先生は学生に少しずつ漢字を覚えさせます。
   선생님은 학생에게 조금씩 한자를 가르칩니다.

2. 声に出して教科書を読んでください。
   소리내어 교과서를 읽어 주세요.
   ⇒ 先生は学生に声に出して教科書を読ませます。
   선생님은 학생에게 소리를 내어 책을 읽게 합니다.

3. 欠席の理由を説明してください。
   결석한 이유를 설명해 주세요.
   ⇒ 先生は学生に欠席の理由を説明させます。
   선생님은 학생에게 결석한 이유를 설명하게 합니다.

4. 質問に答えてください。질문에 대답해 주세요.
   ⇒ 先生は学生に、質問に答えさせます。
   선생님은 학생에게, 질문에 대답하게 합니다.

5. レポートを出してください。
   리포트를 제출해 주세요.
   ⇒ 先生は学生にレポートを出させます。
   선생님은 학생에게 리포트를 제출하게 합니다.

II

1. 熱があるので病院に行かせていただけませんか。
   열이 있으니까 병원에 가게 해 주시지 않겠습니까?

2. 自信があるのでやらせていただけませんか。
   자신 있으니까 시켜 주시지 않겠습니까?

3. 急用ができたので早く帰らせていただけませんか。
   급한 일이 생겼으니까 일찍 돌아가게 해 주시지 않겠습니까?

4. よく分からない部分があるので、質問させていただけませんか。
   잘 모르는 부분이 있는데 질문해도 되겠습니까?

5. 初対面なので自己紹介させていただけませんか。
   첫 대면이니까 자기소개를 해도 되겠습니까?

EXERCISE

1. 笑わせたり泣かせたりします。
2. 日本語で書かせたり話させたりします。
3. 家に早く帰らせてください。
4. ここで働かせてください。
5. 今日は早く帰らせていただけませんか。

LESSON 9 ご両親（りょうしん）に叱（しか）られても仕方（しかた）がないですね。

LET'S TALK

Ⅰ

1. この製品（せいひん）は多（おお）くの人々（ひとびと）が使（つか）っています。
   이 제품은 많은 사람들이 사용하고 있습니다.
   ⇒ この製品は多くの人々に使われています。
   이 제품은 많은 사람들에게 사용되고 있습니다.

2. このデザインはデパートでたくさん売（う）っています。
   이 디자인은 백화점에서 많이 팔고 있습니다.
   ⇒ このデザインはデパートでたくさん売られています。
   이 디자인은 백화점에서 많이 팔리고 있습니다.

3. このアパートは10年前（ねんまえ）に建（た）てました。
   이 아파트는 10년 전에 지었습니다.
   ⇒ このアパートは10年前に建てられました。
   이 아파트는 10년 전에 지어졌습니다.

4. 有名（ゆうめい）な絵（え）を展示（てんじ）しています。
   유명한 그림을 전시하고 있습니다.
   ⇒ 有名な絵が展示されています。
   유명한 그림이 전시되어 있습니다.

5. この部品（ぶひん）は日本（にほん）から輸入（ゆにゅう）しています。
   이 부품은 일본에서 수입하고 있습니다.
   ⇒ この部品は日本から輸入されています。
   이 부품은 일본에서 수입되고 있습니다.

Ⅱ

1. A: どうしたんですか。元気（げんき）がないですね。
   무슨 일 있어요? 힘이 없어 보여요.
   B: 電車（でんしゃ）の中（なか）ですりに財布（さいふ）をすられたんです。
   전철 안에서 지갑을 소매치기 당했거든요.

2. A: どうしたんですか。元気がないですね。
   B: 恋人（こいびと）にふられたんです。 애인에게 차였거든요.

3. A: どうしたんですか。元気がないですね。
   B: 両親（りょうしん）に結婚（けっこん）を反対（はんたい）されたんです。
   부모님이 결혼을 반대하셨거든요.

4. A: いいことでもありますか。嬉（うれ）しそうですね。
   좋은 일이라도 있습니까? 즐거워 보이네요.
   B: 先生（せんせい）にほめられたんです。
   선생님에게 칭찬받았거든요.

5. A: いいことでもありますか。嬉しそうですね。
   B: 友（とも）だちにパーティーに招待（しょうたい）されたんです。
   친구로부터 파티에 초대받았거든요.

Ⅲ

1. A: どうしたんですか。무슨 일 있어요?
   B: 一晩中（ひとばんじゅう）赤（あか）ちゃんに泣（な）かれて疲（つか）れているんです。
   밤새도록 아기가 울어서 피곤하거든요.
   A: それは大変（たいへん）ですね。힘드시겠네요.

2. A: どうしたんですか。
   B: 夜中（よなか）間違（まちが）い電話（でんわ）に起（お）されて寝（ね）られなかったんです。 한밤중에 잘못 걸린 전화에 깨서 잠을 못 잤거든요.
   A: それは大変ですね。

3. A: どうしたんですか。
   B: 急（きゅう）に同僚（どうりょう）に会社（かいしゃ）を辞（や）められて困（こま）っているんです。 갑자기 동료가 회사를 그만두어서 곤란하거든요.
   A: それは大変ですね。

4. A: どうしたんですか。
   B: 部長（ぶちょう）に仕事（しごと）を頼（たの）まれて困っているんです。
   부장님에게 일을 부탁받아서 곤란하거든요.
   A: それは大変ですね。

EXERCISE

1. 試験中（しけんちゅう）携帯電話（けいたいでんわ）の利用（りよう）は禁止（きんし）されています。
2. バスの中（なか）ですりに財布（さいふ）をすられました。
3. 友達（ともだち）に宿題（しゅくだい）を頼（たの）まれました。
4. 私（わたし）は先生（せんせい）に注意（ちゅうい）されました。
5. 彼（かれ）は妻（つま）に死（し）なれて悲（かな）しんでいます。

LESSON 10　部長に残業を押しつけられてしまいました。

LET'S TALK

I

1. 医者は金さんにタバコを止めさせました。
   의사는 김 씨에게 담배를 끊게 하였습니다.
   ⇒ 金さんは医者にタバコを止めさせられました。
   김 씨는 의사로부터 담배를 끊도록 지시받았습니다.

2. 先輩は後輩にお酒を飲ませました。
   선배는 후배에게 술을 먹였습니다.
   ⇒ 後輩は先輩にお酒を飲ませられました。
   후배는 선배 때문에 술을 먹었습니다.

3. 先生は学生にレポートを書かせました。
   선생님은 학생에게 리포트를 쓰게 하였습니다.
   ⇒ 学生は先生にレポートを書かせられました。
   학생은 선생님에게서 리포트를 쓰도록 지시받았습니다.

4. 部長は金さんにかばんを持たせました。
   부장님은 김 씨에게 가방을 들게 하였습니다.
   ⇒ 金さんは部長にかばんを持たせられました。
   김 씨는 부장님의 가방을 들게 되었습니다.

5. 社長は秘書にコーヒーを入れさせました。
   사장님은 비서에게 커피를 타게 하였습니다.
   ⇒ 秘書は社長にコーヒーを入れさせられました。
   비서는 사장님의 커피를 타게 되었습니다.

II

1. A: 何かいやなことをさせられましたか。
   무슨 기분 나쁜 일을 당했습니까?
   B: はい、社長に1時間も待たせられました。
   예, 사장님 때문에 한 시간이나 기다렸습니다.

2. A: 何かいやなことをさせられましたか。
   B: はい、家内に家の掃除をさせられました。
   예, 집사람이 집안 청소를 시켰습니다.

3. A: 何かいやなことをさせられましたか。
   B: はい、子供に宿題を手伝わせられました。
   예, 아이 숙제를 도와주어야 합니다.

III

1. 弟はいつもテレビを見ています。
   남동생은 항상 텔레비전을 봅니다.
   ⇒ 弟はテレビを見てばかりいます。/
   弟はテレビばかり見ています。
   남동생은 텔레비전만 보고 있습니다.

2. 彼はいつも音楽を聞いています。
   그는 항상 음악을 듣고 있습니다.
   ⇒ 彼は音楽を聞いてばかりいます。/
   彼は音楽ばかり聞いています。
   그는 음악만 듣고 있습니다.

3. 彼はいつもマンガを読んでいます。
   그는 언제나 만화를 봅니다.
   ⇒ 彼はマンガを読んでばかりいます。/
   彼はマンガばかり読んでいます。
   그는 만화만 보고 있습니다.

4. 彼女はいつもショッピングをしています。
   그녀는 언제나 쇼핑을 합니다.
   ⇒ 彼女はショッピングをしてばかりいます。/
   彼女はショッピングばかりしています。
   그녀는 쇼핑만 하고 있습니다.

EXERCISE

1. 子供はお母さんに薬を飲ませられました。
2. 先生に荷物を持たせられました。
3. 友達にうそをつかせられました。
4. 週末には家でごろごろしてばかりいます。
5. 彼女は泣いてばかりいました。

LESSON 11　今回の書類をファックスでお送り致しました。

LET'S TALK

I

1. 何時に帰りますか。 몇 시에 돌아갑니까?
   ⇒ 何時にお帰りになりますか。 몇 시에 돌아가십니까?
2. 何を食べますか。 무엇을 먹습니까?
   ⇒ 何を召し上がりますか。 무엇을 드십니까?
3. 何を読みますか。 무엇을 읽습니까?
   ⇒ 何をお読みになりますか。 무엇을 읽으십니까?
4. いつ家にいますか。 언제 집에 있습니까?
   ⇒ いつお宅にいらっしゃいますか。 언제 댁에 계십니까?
5. ニュースを聞きましたか。 뉴스를 들었습니까?
   ⇒ ニュースをお聞きになりましたか。
   뉴스를 들으셨습니까?

II

1. ここに座ってください。 여기에 앉으십시오.
   ⇒ こちらにお座りください。 여기에 앉아 주십시오.
2. これを使ってください。 이것을 사용하십시오.
   ⇒ これをお使いください。 이것을 사용해 주십시오.
3. こっちを見てください。 이쪽을 보십시오.
   ⇒ こちらをご覧ください。 이쪽을 봐 주십시오.
4. お茶を飲んでください。 차를 드십시오.
   ⇒ お茶をお飲みください。 차를 들어 주십시오.
5. 説明してください。 설명해 주십시오.
   ⇒ ご説明なさってください。 / ご説明ください。
   설명을 부탁드립니다.

III

1. ペンを貸します。 펜을 빌려줍니다.
   ⇒ ペンをお貸しします。 / ペンをお貸し致します。
   펜을 빌려 드리겠습니다.
2. 荷物を持ちます。 짐을 듭니다.
   ⇒ 荷物をお持ちします。 / 荷物をお持ち致します。
   짐을 들어 드리겠습니다.
3. タクシーを呼びます。 택시를 부릅니다.
   ⇒ タクシーをお呼びします。 /
   タクシーをお呼び致します。 택시를 불러 드리겠습니다.
4. 日程を知らせます。 일정을 알립니다.
   ⇒ 日程をお知らせします。 /
   日程をお知らせ致します。 일정을 알려 드리겠습니다.
5. 書類を送ります。 서류를 보냅니다.
   ⇒ 書類をお送りします。 / 書類をお送り致します。
   서류를 보내 드리겠습니다.

EXERCISE

1. 先生は本をお読みになっています。
2. あの映画をご覧になりましたか。
3. ここにお名前をお書きになってください。 /
   お書きください。
4. 駅の前でお待ちしております。
5. 今日書類を拝見しました。 /
   拝見いたしました。